UBLIQUE FRANÇAISE

MINISTÈRE DU COMMERCE ET DE L'INDUSTRIE

DIRECTION DE L'ENSEIGNEMENT TECHNIQUE

PROGRAMMES-TYPES
DES COURS DES ÉCOLES PRATIQUES
DE COMMERCE ET D'INDUSTRIE
DE GARÇONS

PARIS

IMPRIMERIE NATIONALE

MDCCCCXIX

PROGRAMMES-TYPES

DES COURS DES ÉCOLES PRATIQUES

DE COMMERCE ET D'INDUSTRIE

DE GARÇONS

RÉPUBLIQUE FRANÇAISE

MINISTÈRE DU COMMERCE ET DE L'INDUSTRIE

DIRECTION DE L'ENSEIGNEMENT TECHNIQUE

PROGRAMMES-TYPES

DES COURS DES ÉCOLES PRATIQUES

DE COMMERCE ET D'INDUSTRIE

DE GARÇONS

PARIS

IMPRIMERIE NATIONALE

MDCCCCXIX

PROGRAMMES-TYPES

DES COURS DES ÉCOLES PRATIQUES

DE COMMERCE ET D'INDUSTRIE

DE GARÇONS.

———◆———

OBSERVATIONS PRÉLIMINAIRES.

Les horaires-types et les programmes-types des Écoles pratiques de commerce et d'industrie sont destinés à guider les Conseils de perfectionnement.

Ils ne sont donc pas rigoureusement imposés dans leur lettre et peuvent recevoir toutes les modifications qui seront reconnues justifiées par les circonstances locales, pourvu que ces modifications ne portent pas atteinte à l'idée directrice qui a présidé à leur établissement.

Il est donc nécessaire, tant pour l'application des programmes qui vont suivre que pour l'étude de leur adaptation aux besoins régionaux et locaux, de préciser l'esprit dans lequel ils ont été conçus et les conditions dans lesquelles ils doivent être appliqués.

CARACTÈRES DES HORAIRES ET PROGRAMMES.

En arrêtant les horaires et les programmes généraux des Écoles pratiques, le Conseil supérieur de l'Enseignement technique et l'Administration se sont inspirés de l'objet même de ces établissements qui poursuivent un but bien défini : l'apprentissage d'une profession industrielle ou commerciale.

Mais il n'a pas été perdu de vue que l'enseignement professionnel proprement dit ne devient réellement efficace que s'il s'appuie sur une base solide formée d'un certain nombre de connaissances générales que ne possède pas encore l'élève sortant de l'École primaire. Il importe donc qu'une place importante soit faite à l'enseignement de ces connaissances, dès le début de la scolarité. Le temps qui leur est consacré doit, par contre, être plus restreint en deuxième année et plus encore en troisième, tandis que l'horaire des divers enseignements qui concourent plus directement à la formation professionnelle du futur ouvrier ou du futur employé s'accroît au fur et à mesure qu'on s'avance vers la fin de la scolarité; c'est ainsi que la troisième année, celle qui précède l'admission dans l'industrie ou le commerce, a été réservée presque entièrement à l'enseignement professionnel proprement dit. Dans le même ordre d'idées, il a été prévu à la fin de la troisième année industrielle une période d'entraînement aux ateliers, au cours de laquelle les enseignements théoriques seront supprimés au profit des travaux pratiques.

Il est utile de remarquer que la disparition presque complète des enseignements de base en 3e année (arithmétique, algèbre, géométrie, français) ne peut être effectuée sans inconvénients que si, au cours de ladite année, les élèves sont astreints à de nombreux exercices leur permettant de faire l'application des principes qui leur ont été précédemment inculqués. L'enseignement des mathématiques trouvera cette sanction dans les exercices se rapportant à la mécanique, à l'électricité industrielle et à la descriptive en section industrielle, dans ceux du cours de comptabilité en section commerciale. Les comptes rendus de visites d'usines, les rédactions du bureau commercial joueront un rôle identique à l'égard de l'enseignement du français.

Les nouveaux horaires comportent, en dehors de la répartition entre les trois années du temps affecté par semaine aux divers enseignements et aux études surveillées, un certain nombre d'heures réservées en troisième année à l'étude de compléments d'ordre technique ou professionnel nécessités par l'adaptation aussi étroite que possible des programmes aux besoins de l'apprentissage.

Il est, en effet, de toute évidence que le minimum de connaissances générales reconnu indispensable pour servir de base à l'enseignement professionnel proprement dit doit être dispensé indistinctement à tous les élèves. Il n'en est plus de même pour les matières d'ordre technique (mécanique, électricité industrielle, géométrie descriptive, marchandises, etc.), qui comportent des développements plus ou moins complets suivant telle ou telle profession ou telle ou telle région. L'importance à donner à ces enseignements doit être en rapport avec la place qu'ils occupent dans la préparation professionnelle de l'élève. C'est ainsi que les notions d'électricité industrielle sont susceptibles d'être plus ou moins développées suivant la région où se trouve l'École et aussi suivant qu'on s'adresse par exemple aux ajusteurs ou aux ébénistes. De même, l'enseignement de la géométrie descriptive prend une importance de premier plan pour les tailleurs de pierre, les menuisiers ou les chaudronniers. En section commerciale, le caractère du commerce régional permettra de déterminer les développements spéciaux à donner au cours de marchandises, etc.

C'est en tenant compte de ces considérations qu'on a établi les programmes-types. Les matières à enseigner indistinctement à tous les élèves ont fait l'objet de programmes embrassant l'ensemble du cours. Quant aux matières d'ordre technique ou professionnel, c'est-à-dire, pour la section industrielle : la mécanique, le dessin, la descriptive, l'électricité; pour la section commerciale : les marchandises, la géographie, la comptabilité, — les programmes-types ne comportent que les connaissances qui conviennent indistinctement à tous les élèves, sans tenir compte des besoins spéciaux relatifs soit à la profession, soit à la région.

Pour répondre à ces besoins particuliers, qu'il appartiendra au Conseil de perfectionnement d'étudier et de faire ressortir, cette Assemblée aura à prévoir pour chaque École une série de programmes spéciaux qui devront être soumis à l'approbation du Ministre.

D'ailleurs c'est pour permettre l'application de ces programmes spéciaux que les horaires-types prévoient un certain nombre d'heures disponibles réservées à des « Compléments d'enseignement professionnel ». Il va sans dire que le temps à y consacrer peut être augmenté dans telles proportions que le Conseil de perfectionnement jugera utiles.

INSTRUCTIONS PÉDAGOGIQUES GÉNÉRALES.

ORIENTATION DE L'ENSEIGNEMENT.

Tous les enseignements doivent converger nettement vers un but précis : l'apprentissage. Il est, à cette fin, nécessaire que chaque professeur se garde de s'isoler dans son cours et de le considérer comme se suffisant à lui-même. Au contraire, il doit se persuader que son enseignement est étroitement solidaire de celui de ses collègues, et s'efforcer de se tenir constamment d'accord avec eux.

L'ensemble des matières du programme formera ainsi un tout dont les différentes parties se prêteront un mutuel appui.

Chaque programme d'enseignement est accompagné d'instructions pédagogiques particulières à cet enseignement. Les professeurs et maîtres de tout ordre chargés de l'application des programmes devront en tenir le plus grand compte.

Ils s'attacheront à donner à leur enseignement le caractère pratique qui le rendra nettement professionnel. Ils prendront soin cependant de n'en point négliger le côté éducatif, et leurs efforts tendront à développer chez leurs élèves les facultés d'observation et de réflexion et à faire l'éducation de leur esprit et de leur caractère.

L'éducation du futur ouvrier ou du futur employé de commerce résultera, d'ailleurs, de sa préparation professionnelle elle-même. Il ne faut pas oublier, en effet, que cette préparation consiste non seulement à donner aux élèves les connaissances théoriques et pratiques qui leur seront nécessaires pour l'exercice de leur profession, mais encore à leur permettre d'acquérir des habitudes de goût, d'ordre, de méthode, aussi précieuses à l'ouvrier qu'à l'employé de commerce.

C'est à cette œuvre d'éducation générale, faite du développement harmonieux de toutes les facultés de l'enfant, que chaque maître doit concourir et apporter tous ses soins, quel que soit l'enseignement dont il est chargé.

Dans cet ordre d'idées, il est expressément recommandé aux maîtres de s'attacher également au fond, à la forme et aux conditions de préparation des exercices qu'ils donnent à leurs élèves. En exigeant de ceux-ci des devoirs bien orthographiés et convenablement rédigés, on prêtera au professeur de français un concours des plus fructueux; en tenant la main à ce que les divers travaux écrits soient présentés avec goût, on apportera au professeur de dessin un appui des plus utiles, indépendamment des habitudes de netteté et de clarté que l'élève retirera de cette application; enfin, en recherchant toutes les occasions, soit dans les exercices de classe, soit dans les travaux pratiques, de faire appel à l'effort intellectuel, en demandant au raisonnement plus qu'à la mémoire, on donnera à nos jeunes apprentis de l'industrie et du commerce les qualités d'initiative, de volonté et d'énergie qui sont le fondement même de la personnalité.

MÉTHODE.

Les instructions pédagogiques qui accompagnent les programmes n'ont pas pour objet d'imposer une méthode au maître et de restreindre son initiative. Elles indiquent seulement les limites dans lesquelles il doit se tenir et l'esprit particulier qui doit le guider, de manière à créer une unité de vue et d'action dans l'ensemble du personnel collaborant à une œuvre commune.

Il convient cependant de condamner d'une façon générale la méthode purement expositive, et de recommander aux maîtres de faire participer le plus possible les élèves à la leçon, en tenant leur attention en éveil par des questions utilement posées, en les intéressant au sujet développé.

Après le développement de chaque point, le maître peut faire écrire un résumé très succinct de l'objet de la leçon. Ce procédé a l'avantage de détendre l'esprit des élèves et de leur laisser un plan pour l'étude de cette leçon.

On évitera d'une façon absolue les cours dictés qui obligent les élèves à une besogne plutôt routinière, ne mettant en œuvre aucune des qualités de l'esprit. On s'en tiendra à un bon manuel qu'on utilisera et que l'on complétera suivant les besoins, autant que possible par des notes autographiées.

Dans les interrogations faites en classe, il est recommandé de ne pas s'en tenir à l'élève au tableau, mais bien d'y faire participer toute la classe, en s'assurant fréquemment que tous les élèves suivent l'interrogation.

Enfin il est indispensable de faire donner aux études surveillées tous les avantages qu'on doit en attendre. Il n'est pas douteux que l'enseignement reçu en classe ne sera réellement profitable qu'autant que l'élève sera mis à même de s'assimiler, par un travail personnel, les notions enseignées. En conséquence, il est recommandé au maître chargé de ce service de ne pas se borner à un rôle strict de surveillance. Il convient, au contraire, qu'il s'assure que les élèves travaillent effectivement. Il doit vérifier si les leçons ont été régulièrement préparées et les devoirs faits. Il ne manquera pas, le cas échéant, de donner les conseils ou les explications qu'il jugera utiles.

L'influence des études sur les résultats de l'enseignement peut être des plus heureuses si chaque maître se pénètre bien des conditions dans lesquelles elles doivent être surveillées.

ÉCOLES PRATIQUES

D'INDUSTRIE ET DE COMMERCE

HORAIRES-TYPES

ÉCOLES PRATIQUES D'INDUSTRIE.

HORAIRE-TYPE[*].

	1re ANNÉE.	2e ANNÉE.	3e ANNÉE.	
			1re PÉRIODE.	TROIS DERNIERS MOIS.
	heures.	heures.	heures.	heures.
Morale...................	1/2	1/2	1/2	//
Français.................	3	2	1	//
Histoire et Géographie......	2	1	//	//
Notions d'économie industrielle et de législation ouvrière...	//	//	1	//
Notions de comptabilité industrielle.................	//	1	//	//
Hygiène industrielle........	//	//	//	1
Arithmétique et Calcul algébrique.................	3	2	//	//
Géométrie...............	3	2	//	//
Physique et Chimie........	3	1 1/2	//	//
Notions de mécanique.......	//	//	2	//
Notions d'électricité industrielle.	//	//	1 1/2	//
Compléments d'enseignement théorique appliqué suivant les professions [1]..........	//	//	2	3
Dessin et Notions de descriptive.	6	7	7	7
Travaux pratiques..........	20	23 1/2	28 1/2	38
Technologie...............	1 1/2	1 1/2	1 1/2	
Études surveillées..........	6	6	6	2
TOTAUX.............	48	48	51	51

[*] Pour établir cet horaire, on a pris comme base la classe d'une heure, sauf en ce qui concerne les enseignements de la Physique, de la Chimie et de l'Électricité industrielle, qui peuvent nécessiter des expériences d'une certaine durée et pour lesquels la classe de 1 heure 1/2 a été maintenue.

Les séances d'atelier ou de dessin continueront à être de 2 heures au moins.

[1] Programmes spéciaux à proposer par les écoles.

ÉCOLES PRATIQUES DE COMMERCE.

HORAIRE-TYPE[*].

	1re ANNÉE.	2e ANNÉE.	3e ANNÉE.
	heures.	heures.	heures.
Morale............................	1/2	1/2	1/2
Histoire...........................	1	1	"
Hygiène...........................	"	"	'
Dessin............................	2	2	'
Français..........................	6	3	2
Physique et Chimie................	3	1 1/2	"
Arithmétique et Calcul algébrique......	3	3	"
Législation commerciale............	"	1	1
Notions d'économie commerciale.......	"	"	1
Géographie........................	1	1	3
Marchandises......................	1 1/2	3	3
Comptabilité et Commerce..........	6	3	3
Exercices pratiques (monographies et bureau commercial)................	"	6	6
Calligraphie et Sténo-dactylographie	3	2	2
Langue anglaise ou allemande.........	6	6	6
Autre langue......................	3	3	3
Complément d'enseignement professionnel suivant la destination des élèves ou les besoins du commerce de la région [2]..	"	"	5 1/2
Études surveillées.................	9	9	9
TOTAUX.........................	45	45	45

[*] Pour établir cet horaire, on a pris comme base la classe d'une heure, sauf en ce qui concerne les enseignements de la Physique, de la Chimie et des Marchandises, qui peuvent nécessiter des expériences ou des manipulations d'une certaine durée et pour lesquels la classe de 1 h. 1/2 a été maintenue.

[1] Pendant les trois derniers mois, une heure de Français sera remplacée par une heure d'Hygiène.
[2] Programmes à proposer par les écoles.

SECTION INDUSTRIELLE.

MORALE.

HORAIRE.

1/2 heure *dans chaque année.*

INSTRUCTIONS PÉDAGOGIQUES.

L'enseignement de la morale se distingue par des caractères particuliers des autres enseignements donnés à l'école.

En cette matière, l'enfant n'arrive pas tout à fait ignorant, comme il le sera, par exemple, pour certains chapitres des cours d'arithmétique ou d'histoire, pour la géométrie ou pour l'algèbre. Non seulement les leçons qu'il a entendues à l'école primaire, mais encore les conseils, les admonestations reçus dans la famille, les faits dont il a été témoin, les exemples qu'il a eus sous les yeux, lui ont fait acquérir sur le bien et le mal bien des idées, vagues, insuffisantes sans doute, mais dont un maître habile peut cependant tirer parti. Pour cela, il conviendra de faire de chaque leçon une *causerie familière*, dans laquelle le maître, guidant l'élève, l'amènera à compléter, à préciser les notions, trop peu nettes, trop peu claires encore, qu'il a déjà dans l'esprit. Cette forme de la « causerie » est expressément recommandée dans le programme qui suit. Les élèves devront prendre à l'exposé une part au moins aussi active que le professeur lui-même. Faire de la leçon une sorte de sermon sous la forme d'un monologue ininterrompu serait le plus sûr moyen de lui enlever tout intérêt et le plus clair de son utilité.

Mais il ne suffit pas de faire appel à l'*intelligence* de l'enfant, de lui apprendre ce qui est conforme à la loi morale, ni même de lui faire comprendre pourquoi telle action est bonne, telle autre mauvaise et condamnable. Il ne suffit pas de lui faire *connaître* le bien ; il faut encore le lui *faire aimer*, et pour cela il faut s'adresser à sa *sensibilité*. Aussi le maître ne réussira-t-il dans cette tâche délicate que s'il enseigne non seulement avec son intelligence, mais, on peut le dire, avec son cœur. On ne fait pas une leçon de morale comme une leçon de calcul ou de géographie : ce n'est pas assez de bien connaître la question qu'on traite, de ne développer en un langage clair et correct que des idées exactes; il faut de plus exciter chez l'auditeur le désir ardent de bien faire, l'enthousiasme généreux; et celui-là seul y parviendra qui, pénétré de l'importance de sa mission, intimement convaincu de ce qu'il dit, saura, sans phrases apprêtées, sans grands mots ni grands gestes, mettre dans sa parole, dans son accent, la chaleur de l'émotion communicative.

Ce n'est pas tout encore : connaître le bien, l'aimer, c'est parfait; mais il faut davantage : il faut encore *le vouloir*. Nous devrons donc nous efforcer d'inspirer à nos élèves *l'énergie* qui leur permettra de lutter avec succès contre les tentations, contre les passions mauvaises, contre les exemples pernicieux. C'est seulement si nous réussissons à les exciter ainsi à *l'effort*, que notre enseignement moral aura vraiment porté tous ses fruits. Il faudra même arriver à ce résultat que, pour les actes de la vie ordinaire, pour ce qu'on pourrait appeler la pratique quotidienne de la morale courante, l'effort même cesse d'être nécessaire, grâce à la force des *bonnes habitudes* que nous devons créer ou fortifier chez l'enfant.

Enfin, pour en finir avec ces considérations générales, est-il besoin d'ajouter que le professeur doit confirmer l'autorité de sa parole par l'autorité de sa conduite et de sa vie? Le maître qui démentirait par son exemple l'enseignement moral qu'il prétendrait donner aurait vite perdu toute influence et tout crédit.

Comme tout enseignement moral donné au nom de l'État dans nos écoles publiques, l'enseignement dont on trouvera ici tracé le programme est un enseignement essentiellement laïque et neutre. La morale telle qu'elle doit être enseignée dans les écoles de l'État sera fondée non sur la croyance, mais sur la raison : c'est notre raison qui nous inspirera les notions sur lesquelles notre enseignement repose : le respect de la personne humaine, «l'entier développement des facultés de chaque individu, l'accroissement des forces dont l'homme dispose dans sa lutte contre la nature, l'établissement d'un état social assurant à tous plus de bien-être et plus de justice».

Les leçons de morale, qui seront dans chaque école faites soit par un professeur, soit de préférence par le directeur lui-même, sont inscrites à l'horaire pour une demi-heure par semaine. Voici quel sera l'emploi de cette demi-heure : d'abord, pendant une dizaine de minutes, une interrogation sur la leçon précédente; puis un quart d'heure de causerie, avec quelque lecture appropriée si l'occasion s'en présente; enfin les cinq dernières minutes sont destinées à la lecture d'un résumé, *qui devra toujours être très court*. Ce résumé pourra souvent ne consister

qu'en un proverbe, une maxime condensant heureusement sous une
forme brève et saisissante la notion de morale qui aura fait l'objet de
l'entretien du jour. On recommande d'user parfois du procédé qui
consiste à présenter le résumé sous la forme d'une *résolution*, d'une sorte
d'engagement que l'enfant prend vis-à-vis de lui-même, engagement
d'agir de telle façon, de s'abstenir de tel ou tel acte. Cette forme de
résumé-résolution peut être surtout utile quand il s'agit de ces devoirs
que l'enfant même a sans cesse à observer : obéissance aux parents,
assiduité à l'école, application au travail, respect de la vérité, etc.

Il est bon que les résumés de morale ne soient pas inscrits sur les
cahiers journaliers au milieu de tous les autres exercices scolaires. On
les réunira sur un cahier ou un *carnet spécial*.

Ces résumés, très courts comme on l'a dit, devront être appris par
cœur. La formule gravée dans l'esprit de l'élève, quelquefois pour
l'existence entière, peut, dans certaines circonstances de la vie, réap-
paraître à sa pensée et rappeler à sa conscience hésitante la vérité
morale, avec sa précision rigoureuse, avec sa force obligatoire.

Le nombre des causeries prévues au programme est de 30 pour les
deux premières années, de 22 pour la 3ᵉ année (le cours devant être
achevé avant la fin du dernier trimestre de l'année scolaire). Comme il
y a dans l'année scolaire plus de 30 semaines, du temps restera disponible non seulement pour les revisions qui sont expressément pres-
crites, mais encore, s'il y a lieu, pour quelques leçons occasionnelles.
Il n'est pas interdit au professeur d'interrompre parfois, exceptionnelle-
ment, l'ordre régulier du cours, s'il croit pouvoir tirer parti soit d'un
incident de la vie scolaire, soit de quelque événement local ou national
qui semblerait de nature à retenir l'attention des élèves et pourrait
servir de thème à d'intéressantes remarques ou à d'utiles conseils. Ces
leçons occasionnelles seront, autant que possible, rattachées par voie de
rappel au cours même, à des leçons antérieures : ce sont d'excellents
exemples qui viendront les illustrer après coup.

PROGRAMME.

PREMIÈRE ANNÉE.

30 causeries portant sur les question suivantes :

1. *Notions préliminaires.* — Des sentiments et des jugements que
nous inspirent notre propre conduite et la conduite des autres hommes.
— Distinguer, au moyen d'exemples, les actions que nous jugeons

bonnes ou mauvaises. — Définition de la morale, objet et nécessité de l'enseignement moral.

2. Sommes-nous libres de bien ou de mal agir? — Conditions et limites de notre liberté.

3. Responsabilité, conséquence de la liberté. — Des divers degrés de la responsabilité morale.

4. *Devoirs envers soi-même.* — En quoi l'homme se distingue des animaux : dignité de la personne humaine. — Le respect de cette dignité est le fondement de nos devoirs envers nous-mêmes.

5. Conservation du corps. — Propreté et hygiène. — Prescriptions à suivre pour assurer la propreté de notre corps. — Propreté de nos vêtements, de notre logement, de nos meubles.

6. Observation de l'hygiène; principales règles à suivre.

7. Le travail manuel; la gymnastique; les jeux; les sports. — Heureux effets de ces divers modes d'exercice. Mesure à garder. Précautions à prendre.

8. Sobriété; tempérance. — Dangers de l'alcoolisme pour la santé. — De l'abus du tabac.

9. Respect de la vérité. — De la sincérité dans nos paroles (franchise) et dans nos actes. Nous devons mettre nos actes en conformité avec nos idées et nos convictions.

10. Véracité et mensonge. — L'exagération, forme du mensonge.

11. La dissimulation et l'hypocrisie.

12. Devoir de rechercher la vérité, de s'instruire. — Nécessité de l'instruction : sa valeur au point de vue de l'individu et au point de vue social. — Continuons de nous instruire après l'école : cours d'adultes, lectures, etc.

13. Les préjugés et les superstitions; l'homme instruit, éclairé, s'en affranchit.

14. L'orgueil et la modestie. — Il ne faut ni nous enorgueillir de nos qualités ou des avantages extérieurs que nous pouvons posséder, ni nous aveugler sur nos défauts.

15. Vanité; frivolité; coquetterie.

16. De la délicatesse morale; fuyons les plaisirs grossiers; recherchons les plaisirs supérieurs, les joies saines.

17. De l'envie; de la jalousie. — De la haine.

18. La colère et le désir de vengeance.

19. Le courage; ses diverses formes. Courage dans le péril : courage civil et courage militaire.

20. Courage dans le malheur. Résistance à l'injustice; force d'âme.

21. Courage contre la douleur; patience.

22. L'activité; l'énergie. L'esprit d'initiative.

23. Persévérance et versatilité. L'irrésolution.

24. Fermeté. — Mollesse et faiblesse morale. — *L'homme de caractère.*

25. Le travail. — Obligation du travail pour tous les hommes. — Noblesse du travail sous toutes ses formes. — Le paresseux est lâche et méprisable.

26. L'ordre. — La prévoyance et l'économie.

27. L'épargne. — Comment employer nos économies. — Diverses institutions d'épargne.

28. L'avarice; la parcimonie. — La prodigalité.

29. Danger des dettes. — Funestes effets de la passion du jeu.

30. *Devoirs envers les animaux.* — La loi Grammont. — Sociétés protectrices des animaux.

DEUXIÈME ANNÉE.

30 causeries portant sur les questions suivantes :

1. *Devoirs de famille.* — La famille : sa fonction sociale. La famille se crée par le mariage. — L'union conjugale.

2. Devoirs réciproques des conjoints. — Devoirs du mari envers sa femme, de la femme envers son mari.

3. La femme dans la famille : son rôle comme épouse, comme mère, comme fille; rôle de la jeune fille dans le ménage. — Respect dû à la femme.

4. Autorité paternelle nécessaire, reconnue par la loi. — Exercice de cette autorité aux diverses époques.

5. Amour et soins des parents pour leurs enfants. — Devoirs des parents.

6. Devoirs des enfants à l'égard de leurs parents : amour filial; reconnaissance; secours et assistance aux parents.

7. Respect, confiance, obéissance : le devoir d'obéissance, quand l'enfant grandit, se transforme en un devoir de déférence affectueuse. — Devoirs envers les grands-parents.

8. Devoirs réciproques des frères et sœurs. — Devoirs des aînés envers les plus jeunes, quand les parents manquent. — Nécessité de la concorde, de l'union familiale.

9. Les vertus de famille. — L'esprit de famille; excès possibles. — Le souvenir des morts. — L'honneur du nom.

10. Devoirs des maîtres et des serviteurs.

11. *Devoirs de l'enfant à l'école.* — Assiduité; exactitude. — Docilité; soumission à la règle. — Attention; application; travail.

12. Devoirs à l'égard du maître : affection; respect; obéissance; reconnaissance.

13. Devoirs réciproques des condisciples : concorde, camaraderie

aide mutuelle, émulation bien entendue, loyauté. — Éviter la jalousie, l'hypocrisie, la délation, l'esprit de domination.

14. *Devoirs sociaux.* — La société. — L'homme est un être sociable. — La solitude prolongée lui est intolérable; infligée comme peine, elle peut le conduire à la folie, au suicide. — La société n'est possible que par le respect mutuel des droits d'autrui. — La justice sociale.

15 et 16. Respect de la vie humaine : le suicide, le meurtre, le droit de légitime défense; la guerre; le duel. — Éviter les rixes, la cruauté à l'égard des autres, les mauvais traitements.

Précautions à prendre pour ne pas répandre les maladies contagieuses.

17. Respect de la liberté de l'homme : liberté physique, liberté morale. Aperçu historique. Comment on peut aujourd'hui porter atteinte à la liberté des autres.

18. Respect de l'honneur d'autrui. — Calomnie; diffamation, médisance; les commérages. Évitons de prêter complaisamment l'oreille aux mauvais propos.

19. Respect des opinions et des croyances. — La liberté de penser. — Condamnation de l'intolérance et du fanatisme : exemples empruntés à l'histoire, à la vie de chaque jour.

20. Respect des produits du travail. — Principe de la propriété.

21. Probité. — Le vol. — La fraude : fraudes contre l'État; fraudes commerciales.

22. Respect des contrats : fidélité à la parole donnée, aux engagements pris. — La loyauté dans les affaires.

23. Égoïsme et altruisme. — Bonté; indulgence; générosité. — Désintéressement; dévouement.

24. La fraternité sociale : aide et assistance matérielle et morale due aux déshérités, à ceux qui souffrent.

25. Mutualité; les institutions mutualistes.

26. Reconnaissance; ingratitude.

27. Politesse : dans nos paroles, dans nos actions. Formules de politesse usitées dans la conversation, dans la correspondance.

28. Égards particuliers dus à la vieillesse.

29. Curiosité; discrétion. — Comment nous pouvons nous montrer indiscrets.

30[1]. *Devoirs professionnels.* — Devoirs réciproques et devoirs particuliers des patrons, des employés, ouvriers et apprentis.

[1] En première et en deuxième années, les dernières semaines de l'année scolaire qui resteront disponibles seront employées à la revision des principales questions du cours.

TROISIÈME ANNÉE.

ɔ ɔ causeries portant sur les question suivantes :

1. Qu'est-ce que le *bien*? — L'entier développement des facultés de chaque individu, l'accroissemet des forces dont l'homme dispose dans sa lutte contre la nature, l'établissement d'un état social assurant à tous plus de bien-être et plus de justice, tel est le but poursuivi par l'humanité : sont bonnes toutes les actions qui tendent vers ce but; mauvaises, celles qui nous en éloignent.

2. C'est notre raison, appliquée à l'appréciation de notre conduite, qui nous fait juger de la moralité de nos actes. — Diversité apparente de la morale, suivant les époques et les régions, et d'après les conditions locales.

3. L'idée de *progrès*. — Peu à peu s'épure et s'élève l'idée que nous nous faisons de la perfection individuelle et de l'état social parfait. Conséquence : évolution de la morale. — Montrer cette évolution par des exemples : esclavage; amour de la guerre; dédain du corps; mépris du travail; haines de races, etc.

4. Progrès dans l'organisation des sociétés. — Sociétés barbares et sociétés civilisées : comparaison. — Les rapports des hommes réglés non par la force, mais par le droit. — La justice sociale.

5. De la *solidarité*: définir ce mot. — L'individu n'est qu'un membre du corps social. — Action et réaction des individus les uns sur les autres; répercussion de nos actes dans le milieu social. — Solidarité des générations.

6. La solidarité se manifeste dans l'ordre économique, scientifique et moral.

7. Profitant des efforts de ceux qui nous ont précédés, nous naissons débiteurs; profitant du travail collectif de nos contemporains, nous voyons notre dette s'accroître incessamment. — Cette dette est d'autant plus lourde que nous jouissons d'avantages matériels plus considérables, que nous avons reçu une instruction plus étendue.

8. Comment devons-nous nous acquitter de notre dette envers la société?

9. Devoirs de la société envers l'individu : sécurité, justice, assistance.

10. L'idée de solidarité et l'idée de charité; différences de ces deux conceptions. Supériorité de la première au point de vue moral.

11. L'association : sa puissance; ses heureux effets. Associations naturelles et associations contractuelles.

12. L'idée de *nation* et de *patrie*. L'esprit national.

13. Rôle historique de la France; sa place dans l'humanité civilisée. Le génie français.

14. **Le patriotisme.** — Comment nous pouvons tous contribuer à la force et à la grandeur de notre patrie.

15. **L'État :** définition. Les grandes fonctions de l'État.

16. Formes diverses de l'autorité de l'État. La souveraineté nationale. Les lois.

17. *Devoirs du citoyen.* — Obéissance aux lois. Payement de l'impôt.

18. Obligation scolaire. — Vote. — Défense de la patrie : le service militaire. — Devoir des chefs et des soldats.

19. Droits du citoyen : liberté de la personne; liberté de la parole et de la presse; liberté d'association; liberté de conscience et liberté du culte.

20. *Devoirs généraux des nations* entre elles. — Solidarité internationale. — De la guerre et de la paix. — Le droit des gens. — L'arbitrage.

21. *L'humanité,* patrie commune de tous les hommes. — Y a-t-il conflit entre l'humanité et la patrie? Le devoir patriotique et le devoir humain; conciliation.

Espérances d'avenir. — Aspiration à un idéal de justice, de paix et de concorde générales.

22. *Sanctions* de la morale. — Sanction intérieure (satisfaction morale ou remords). — Sanction naturelle (conséquences heureuses ou fâcheuses de nos actions). — Sanction sociale (estime ou mépris public).

Les sanctions ultra-terrestres, philosophiques et religieuses. sont du domaine non de la science, mais de la foi.

LANGUE FRANÇAISE.

HORAIRE.

1re année....................................	3 heures.
2e année.....................................	2 —
3e année.....................................	1 —

L'enseignement sera donné de la façon suivante :

Première année. — Une classe sera consacrée aux exercices de grammaire et aux exercices orthographiques; une classe à la lecture expliquée et à la récitation; et la troisième à la composition française.

Deuxième année. — Une classe sera consacrée à la lecture expliquée et à la récitation, l'autre à la composition française.

Troisième année. — Le temps de la classe unique sera divisé en deux parties, dont l'une consacrée à la lecture expliquée et à la récitation, l'autre à la composition française.

Exercices de grammaire et exercices orthographiques.

Le professeur ne devra pas perdre de vue que les élèves qui entrent dans une école pratique ont déjà reçu l'instruction primaire élémentaire; qu'il n'a pas, en conséquence, à leur apprendre les rudiments de la grammaire, mais seulement à affermir et à compléter les connaissances qu'ils ont acquises.

I. En ce qui concerne la grammaire, il s'appliquera non seulement à faire apprendre, mais surtout à bien faire comprendre les règles. Autant il devra se garder d'arrêter l'attention des élèves sur les exceptions qui sont d'un emploi rare, ainsi que sur les subtilités grammaticales, autant il s'attachera aux règles d'un usage fréquent. Il sera bon d'insister sur les exercices de conjugaison et sur les exercices d'analyse grammaticale et d'analyse logique. Ces exercices seront faits en classe sur un texte mis entre les mains des élèves ou écrits au tableau noir. Ils devront être purement oraux.

II. Les exercices orthographiques pourront être faits sous forme de dictées. Mais il importe de remarquer que la dictée prend beaucoup de temps et oblige les élèves à écrire sans profit un grand nombre de mots dont l'orthographe leur est depuis longtemps familière; elle doit être considérée non comme un exercice de pratique courante, mais comme un exercice de récapitulation. Le maître choisira des textes qui puissent concourir au développement de l'instruction générale et de l'instruction professionnelle des élèves (morale, littérature, histoire, géographie, sciences, économie industrielle, etc.). Ces textes, dans lesquels il ne faut pas chercher à multiplier les difficultés, correspondront au degré d'avancement des élèves dans l'étude de la grammaire; ils serviront à l'étude des signes de ponctuation et à leur emploi. Il est utile, avant de dicter, de lire et d'expliquer brièvement le texte choisi, de rappeler ou de faire redire aux élèves les règles de grammaire qui vont trouver leur application, enfin d'appeler leur attention sur les mots nouveaux et difficiles, de les écrire et de les laisser un instant sur le tableau noir, en en faisant remarquer les particularités orthographiques. Quant à la correction, il convient que les enfants fassent eux-mêmes disparaître les fautes qu'ils ont commises, que cette correction soit faite séance tenante ou que les élèves aient à représenter à la classe suivante leur dictée, après en avoir fait disparaître les fautes signalées.

L'échange des cahiers, en usage dans certaines écoles, ne paraît pas un procédé recommandable.

A la dictée, les professeurs préféreront des exercices oraux ou écrits, soit sur des mots usuels, mais mal connus des élèves, et qu'ils grouperont, tantôt d'après leurs ressemblances ou leurs différences orthographiques, tantôt d'après leur sens; soit sur des phrases détachées, choisies en vue de l'application des règles de grammaire, de préférence celles qu'on sera occupé à réviser ou que les écoliers violent le plus souvent. On pourra ne faire écrire aux élèves que les mots sur lesquels porte la difficulté orthographique.

Les élèves doivent être pourvus d'un dictionnaire. Il importe de les habituer à s'en servir, de leur montrer comment on en fait usage.

Il devra être tenu compte des simplifications et des tolérances indiquées à la suite de l'arrêté ministériel du 26 février 1901.

Les exercices dits «orthographiques» n'ont pas seulement pour but de faire apprendre l'orthographe aux enfants: ils doivent aussi servir à leur enseigner le sens exact des mots. Aussi le maître ne devra-t-il négliger aucune occasion d'exercer les élèves à l'étude du vocabulaire. Il donnera quelques notions sur les homonymes et les synonymes. Il indiquera l'origine et la formation des mots, leur groupement en familles d'après leur étymologie, la signification des mots techniques, particulièrement ceux de la langue industrielle ou commerciale. Il évitera, à cet égard, toute curiosité d'érudition.

Lecture expliquée et récitation.

Le professeur mettra entre les mains des élèves un recueil contenant les textes les plus connus de nos principaux auteurs des XVII°, XVIII° et XIX° siècles. A propos des extraits d'écrivains contemporains, dont les lois sur la propriété littéraire rendent souvent difficile la reproduction dans les livres classiques, il complétera ce recueil par le choix de morceaux qu'il sera obligé de dicter ou de faire copier aux élèves.

Les textes littéraires serviront à des exercices de diverses sortes :

1° *A des lectures faites en classe.* — Le professeur donnera quelques indications sur l'auteur, mais très sobrement. On n'a pas à faire, dans les écoles pratiques, un cours d'histoire littéraire : il faut se borner à rappeler, dans la vie de l'écrivain, les événements, les particularités qui ont pu influer sur son œuvre et qui seraient de nature à expliquer le passage qu'on étudie. Après avoir lu ce passage et l'avoir replacé, s'il y a lieu, dans le cadre de l'ouvrage auquel il a été emprunté, le maître le fera expliquer aux élèves au point de vue des idées (idée fondamentale, idées secondaires, plan, transitions), puis au point de vue du style et des mots, dont il est indispensable de bien déterminer le sens exact. Le morceau expliqué sera lu ensuite à haute voix par plusieurs élèves successivement. Le maître relèvera avec soin les fautes commises : rapidité excessive du débit, mauvaise articulation, prononciation vicieuse, diction chantante et monotone.

2° *A des exercices de récitation.* — Les passages les plus marquants des textes expliqués en classe seront appris par cœur et récités. Le choix des textes est laissé à l'initiative du professeur, qui tantôt se conformera à l'ordre chronologique, tantôt s'inspirera soit du degré des difficultés littéraires et grammaticales, soit des circonstances du moment : événements contemporains, incidents scolaires, rapprochement possible entre le passage étudié et tel sujet de composition française à traiter, telle leçon de morale, d'histoire, et géographie, etc.

Il devra aussi profiter de ces exercices pour rappeler aux élèves les grands événements et le souvenir des hommes marquants antérieurs au XVII° siècle.

Aux épreuves de récitation seront consacrées vingt minutes au moins dans chaque classe. Tous les trois mois devra avoir lieu une revision des morceaux appris pendant le trimestre écoulé.

Composition française.

Le professeur exercera progressivement les élèves au travail complexe de la composition. A cet effet, durant les premiers mois de la première année, il les habituera à préparer en classe, sous sa direction, le plan des sujets proposés, à chercher en commun les idées qui s'y rapportent, puis à les mettre en ordre. Une excellente méthode de recherche consiste à rédiger un canevas de quelques lignes qu'on dictera ou qu'on écrira au tableau noir, puis à demander aux enfants, après qu'ils l'auront lu, examiné attentivement, à reconnaître le mot où les mots de valeur contenus dans ce texte, dégageant ainsi l'idée essentielle et les idées secondaires qu'il faudra développer.

Le plan, ainsi préparé à haute voix, sera écrit au tableau noir; les élèves n'auront à faire comme devoir que le travail de développement et de rédaction. Plus tard, les idées une fois trouvées en classe, ils auront à les disposer et à les développer. C'est seulement quand ils auront acquis une certaine habileté, sur la fin du premier trimestre, parfois même plus tard, qu'on leur demandera de se livrer au travail complet de la composition : invention, disposition et élocution.

Les sujets traités seront de préférence :

En première année, des lettres familières[1], des récits et des narra-

---

[1] A propos des lettres, il importe de donner connaissance aux élèves des formules finales en usage.

tions simples, des descriptions. On ne doit proposer aux élèves que la description de choses ou de scènes qu'ils ont vues, observées, qui leur sont connues : on évitera les sujets de pure imagination. Il ne sera pas sans profit d'habituer ces enfants à décrire de vive voix des objets d'un usage courant : un outil, une machine simple etc., une scène de la vie scolaire, en les obligeant à veiller à la précision et à la correction de leur langage.

En deuxième année, à des compositions écrites semblables à celles de l'année précédente pourront s'ajouter des sujets empruntés à la morale, à l'instruction civique, à l'histoire.

En troisième année, on traitera en outre des lettres d'affaires, des pétitions, des demandes, des rapports industriels, des comptes rendus d'excursions scientifiques, des rédactions de procès-verbaux, des narrations ou des récits se rapportant à la vie ouvrière. Le professeur appellera l'attention des élèves sur la forme matérielle à donner aux lettres, aux demandes et pétitions, aux rapports.

Toutes les copies remises doivent être lues et notées. Un certain nombre de ces devoirs, qui variera suivant l'effectif de la classe, sera l'objet d'une correction approfondie, suffisante en tout cas pour donner matière à une correction orale faite en classe. On recommande d'éviter le système des corrections individuelles successives. Il vaut mieux s'attacher à tel ou tel genre de fautes, choisies méthodiquement et suivant les constatations que la lecture des copies aura permis de faire. Enfin il ne faut pas perdre de vue que la correction la plus profitable est celle que l'élève fait lui-même, sur les conseils et d'après les explications du professeur. Aussi est-il bon que, pour les fautes dont la correction est aisée, le maître se borne à les signaler sur la copie en exigeant qu'à la classe suivante, la copie lui soit représentée corrigée.

HISTOIRE.

HORAIRE.

1ʳᵉ année.............................. 1 heure.
2ᵉ année... .... 1 heure par quinzaine.

INSTRUCTIONS PÉDAGOGIQUES.

L'histoire devant avoir surtout pour but de contribuer à l'éducation civique des jeunes gens de nos écoles, il a paru que l'étude des événements accomplis au cours du xix° siècle était plus propre à cet objet que celle des périodes antérieures. Cependant, comme il importe de montrer ce qu'était notre pays quand commence, à la fin du xviii° siècle, notre grande Révolution, le professeur, en quelques leçons au début, fera connaître quelles régions faisaient, à cette époque, partie du territoire français, quel était l'état intérieur du royaume, quelle était alors la situation de la France dans le monde. D'après les indications du programme, cette étude préliminaire devra être terminée à la fin du deuxième mois de l'année scolaire.

Il ne sera pas fait d'autre leçon sur toute la partie de l'histoire antérieure à 1789; mais le maître devra profiter des lectures et des exercices de français (dictées, sujets de composition) pour rappeler aux élèves, de temps à autre, les faits principaux et les personnages les plus fameux des époques lointaines.

Le programme pour chaque année est divisé en leçons, chaque leçon correspondant à une classe distincte : nous disons «classe», *et non pas conférence*. Les indications données ont pour but d'appeler l'attention du professeur sur les points qui doivent être surtout l'objet de ses explications. Un précis clairement rédigé servira de support à tout l'enseignement. Pour chaque classe, le maître donnera à étudier quelques pages de ce précis, en signalant nettement aux élèves les faits essentiels qu'ils devront retenir, et, au commencement de la classe suivante, il s'assurera par des interrogations que le livre a été bien étudié et bien compris; puis, passant à l'exposé du jour, il développera les différents points du programme qui doivent composer la leçon du jour. S'il sait ainsi combiner heureusement l'enseignement oral et l'enseignement par le livre, il fera *apprendre l'histoire par le manuel;* il la fera comprendre par sa leçon.

Il est recommandé de compléter, chaque fois qu'il est possible, l'exposé oral par quelque lecture.

La rédaction du programme indique assez qu'il faudra être sobre de détails sur les faits de la politique extérieure et particulièrement de l'histoire militaire. C'est surtout l'histoire des mœurs, des institutions, des idées, sur les progrès de la civilisation, en un mot, qu'il faudra insister. En outre, on ne saurait perdre de vue que les enfants qui fréquentent les écoles pratiques doivent vivre plus tard de la vie industrielle et commerciale, et que, par conséquent, tout ce qui se rapporte à l'histoire de l'industrie et du commerce, à l'histoire économique doit être de leur part l'objet d'une attention spéciale.

Le nombre des leçons indiquées pour chaque année est calculé de telle façon qu'il restera un certain nombre de séances disponibles non seulement pour des exercices de révision, mais encore pour l'étude de quelques questions ayant trait à l'histoire locale, dont on ne saurait se désintéresser et dont il appartiendra au professeur, suivant les régions, d'établir le programme de concert avec le directeur de l'école.

Instruction civique. — Il n'est pas admissible que les futurs citoyens d'une république soient ignorants de leurs droits et de leurs devoirs civils ou politiques, et qu'ils ne connaissent pas, au moins dans leurs grandes lignes, notre organisation administrative, judiciaire et financière : aussi les leçons d'histoire contemporaine ont-elles pour conclusion, pour aboutissant naturel, le petit programme d'instruction civique qui termine le cours de seconde année, pour les sections industrielles comme pour les sections commerciales.

Il est recommandé, à ce propos, aux maîtres de ne pas se borner à exposer purement et simplement les lois et les règlements en vigueur, mais de faire connaître aux élèves les raisons qui les ont motivés et qui les justifient. En outre, il sera bon de leur mettre sous les yeux, chaque fois que l'occasion s'en présentera, les documents administratifs qu'il sera facile de se procurer : une affiche de convocation électorale, une feuille de contribution, un livret militaire, etc., et de leur en expliquer la teneur. Un enseignement qui aura ce caractère concret, intuitif, sera plus intéressant et plus profitable qu'un enseignement exclusivement verbal.

PROGRAMME.

PREMIÈRE ANNÉE.
DE 1789 À 1848.

I. *La France et l'Europe à la fin du XVIIIe siècle.*

1. *Le territoire français.* — Rappeler brièvement comment il s'était peu à peu formé. Nos anciennes provinces.

2. *État intérieur de la France.* — Le gouvernement de droit divin, centralisateur et despotique. — Le roi et la cour. — Fautes personnelles des derniers rois; discrédit et impopularité du gouvernement. — Détresse financière.

3. Division de la nation en trois ordres : la noblesse : noblesse de cour, noblesse de province; les faveurs et les privilèges dont elle jouissait.

Le clergé : haut et bas clergé; indiquer quels étaient les rapports de l'État et de l'Église catholique.

Le tiers état : bourgeois, ouvriers, paysans.

4. Rapide exposé rétrospectif de la condition de la vie des travailleurs des villes et des campagnes aux époques antérieures.

5. Vices de l'organisation sociale. — L'inégalité. — Diversité dans la condition des personnes (aptitude aux fonctions publiques, aux grades de l'armée; impôts, justice). — Défaut de liberté. Liberté individuelle; les lettres de cachet. Liberté de la presse, liberté de conscience. — Situation des protestants et des juifs.

6. Entraves à la liberté de l'industrie et·du commerce. -- Ce qu'étaient alors l'instruction, l'assistance publique.

Le fléau des guerres. Misère générale.

7. *Politique extérieure.* — Décadence de notre marine. — Perte de nos colonies.

Relations de la France avec les principales puissances européennes et avec les États-Unis.

Aperçu de l'état de l'Europe vers 1789.

8. Agitation des esprits. — Influence des philosophes et des encyclopédistes. La crise finale. — Convocation et réunion des États généraux. — Demandes des cahiers.

II. *La Révolution.*

9. Les grandes journées de la Révolution (1789). — L'Assemblée constituante. — Déclaration des droits de l'homme et du citoyen.

10. Réformes de l'Assemblée constituante. — La Constitution de 1791.

11. L'Assemblée législative. — L'émigration. — La guerre avec l'Europe. — Chute de la royauté.

12. La Convention. — Proclamation de la République. — Le procès du Roi. — Les partis dans l'Assemblée. — La Patrie en danger. — Le Comité de Salut public : la Terreur. — Le 9 Thermidor.

13. Institutions de la Convention. — Les sciences. — Les grandes inventions. — Constitution de l'an III.

14. Le Directoire. — Embarras financiers. — Anarchie politique. — Les coups d'État.

Le 18 Brumaire.

15 et 16. Lutte entre la Révolution et l'Europe. — Les armées révolutionnaires. — Aperçu des principales guerres et des principaux faits d'armes de 1792 à 1802. — Les généraux de la Révolution.

17. Le Consulat. — Constitution de l'an VIII. — Organisation administrative, financière et judiciaire. — Le Code civil. — Le Concordat et les articles organiques. — La Légion d'honneur. — La Banque de France.

III. L'Empire.

18. Le régime impérial. — Despotisme et centralisation. — Les grands travaux. — L'Université. — La littérature et les mœurs. — Excès du régime militaire.

19. Les guerres : 1ʳᵉ période (1804-1807). — Puissance extérieure de la France. — Nouvelles coalitions européennes. — Austerlitz. — Traité de Presbourg. — Fin de l'Empire germanique. — Iéna et Friedland; abaissement de la Prusse. — Résistance de l'Angleterre. — Le blocus continental: ses conséquences politiques, industrielles et commerciales.

20. Deuxième période (1807-1812). — Cinquième coalition. — Traité de Vienne. — Commencement des résistances nationales. — Guerre d'Espagne. — Remaniement arbitraire de la carte politique de l'Europe. — Campagne de Russie.

21. Les guerres (suite) [1812-1814]. — Campagnes d'Allemagne et de France. — Le pays envahi. — Chute de l'Empire.

22. Première Restauration. — Charte de 1814. — Les Cent jours et l'Acte additionnel. — Waterloo.

23. Le Congrès de Vienne et les Traités de 1815. — Leurs conséquences pour la France. — État de l'Europe.

IV. La Monarchie constitutionnelle.

24. La seconde Restauration. — La monarchie constitutionnelle. — Réveil de l'esprit politique. — Le régime parlementaire. — Les partis. — Principaux orateurs, principaux hommes d'État. — La Terreur blanche.

25. Politique de réaction; essai de rétablissement de l'ancien Régime. — Influence du clergé. — La Congrégation. — Travaux publics. — Les Caisses d'épargne.

26. Politique extérieure : intervention en Espagne et en Grèce. — Prise d'Alger.

Les Ordonnances et la Révolution de 1830.

27. Gouvernement de Louis-Philippe. — La nouvelle charte. — Les Chambres : les Partis. — Principaux orateurs et hommes d'État. — Gouvernement de la bourgeoisie. — Le système électoral : le cens.

Les sociétés secrètes et les émeutes. — Lois de Septembre. — L'armée et la Garde nationale. — Lois sur l'instruction primaire et sur les travaux publics. — Développement de l'industrie. — Chemins de fer. — Progrès du commerce.

28. Les lettres : classiques et romantiques. — L'archéologie et l'histoire. — Les arts : principaux artistes. — Progrès des sciences : l'électricité; la vapeur.

29. Les classes ouvrières et les théories socialistes. — Nouvelles aspirations politiques. — Le mouvement réformiste. — La Révolution de 1848.

30. Coup d'œil sur la politique extérieure de la France, de 1830 à 1848. — Conquête de l'Algérie.

DEUXIÈME ANNÉE.

DE 1848 À NOS JOURS.

I. La seconde République et le second Empire.

1. La seconde République. — Le suffrage universel. — Abolition de l'esclavage aux colonies. — Le socialisme. — Les ateliers nationaux. — Les journées de Juin. — L'Assemblée constituante et la Constitution républicaine.

Élection de Louis-Napoléon Bonaparte. — La réaction. — Lois sur l'enseignement et le suffrage. — La dictature présidentielle. — Le coup d'État du 2 décembre 1851.

2. Le second Empire. — La Constitution de 1852 : analogie avec la Constitution de l'an VIII. — Le régime césarien. — Confiscation des libertés publiques; régime des décrets. — L'amnistie de 1858. — L'Empire libéral de 1870. — Le plébiscite.

3. Transformation économique. — Nouveaux progrès de l'agriculture. — Loi sur les chemins vicinaux. — La grande industrie. — Lois sur les sociétés, sur les grèves. — Le commerce. — Les traités de commerce et le libre-échange. — Les expositions universelles. — Le canal de Suez : changement des routes commerciales. — Compagnies maritimes subventionnées. — Réseau télégraphique. — Les câbles sous-marins.

4. Politique extérieure. — Guerre de Crimée. — Guerre de 1859 : formation de l'unité italienne. — Guerre du Mexique. — La France en Cochinchine.

5. La guerre franco-allemande. — Révolution du 4 Septembre. — Siège de Paris. — La guerre dans les départements : Gambetta. — Proclamation de l'Empire allemand. — Le traité de Francfort.

II. La troisième République.

6. La troisième République. — Lois sur l'instruction publique. — Réorganisation de l'armée : lois sur le recrutement. — Grands travaux publics. — Progrès de l'agriculture. — Lois sociales et économiques : lois de protection, d'assistance, d'assurance.

Progrès scientifiques.

7. Expansion de la France en Asie. — Agrandissement de notre domaine colonial en Afrique.

INSTRUCTION CIVIQUE.

1. Les principes de 1789. — Commentaires de la Déclaration des droits.

2. Le gouvernement républicain. — Les deux pouvoirs de l'État : pouvoir législatif, pouvoir exécutif.

Le pouvoir législatif. — La Chambre des Députés et le Sénat : leurs attributions, mode d'élection. — Préparation et vote des lois. — L'Assemblée nationale ou Congrès ; ses attributions.

3. Le pouvoir exécutif. — Le Président de la République; comment il est élu. — Durée de ses pouvoirs. — Ses attributions. — Le Gouvernement. — Le Président du Conseil et les Ministres. — Responsabilité ministérielle.

4. Les finances. — Divers impôts. — Vote et perception de l'impôt. — Le budget.

5. Organisation militaire. — Le service militaire.

6. La justice. — Les différents tribunaux.

7, 8 et 9. Notions sommaires sur l'organisation administrative du département, du canton, de la commune.

GÉOGRAPHIE.

HORAIRE.

1re année............................... 1 heure.
2e année............................... 1 heure par quinzaine.

INSTRUCTIONS PÉDAGOGIQUES.

Les leçons devront être précises et sobres. En s'aidant d'un précis, où les élèves trouveront tout ce qui n'est que nomenclature, tout ce qui n'exige d'eux qu'un effort de mémoire, le professeur consacrera son exposé à certaines questions qu'il aura spécialement choisies, soit en raison de leur actualité, soit parce qu'elles prêtent à un développement curieux et pittoresque, soit enfin à cause de leur importance particulière. Plus que la géographie physique ou la géographie politique, les questions de géographie économique devront retenir son attention. Souvent des lectures intéressantes pourront utilement s'ajouter à l'exposé du maître et le compléter heureusement.

Il est recommandé au professeur :

1° D'avoir recours, dans les interrogations et les exposés, à des cartes murales de grandes dimensions, ou à des cartes qu'il aura lui-même exécutées soit au tableau noir, soit sur de la toile ou du papier goudronné. Pour les interrogations, les cartes mises sous les yeux de l'élève devront être des cartes muettes. Outre l'usage des cartes, il est utile que les élèves suivent la leçon du maître en ayant devant eux leur atlas, de façon à pouvoir constamment s'y reporter, ou bien encore dessinent la carte de la leçon du jour au fur et à mesure que le maître la trace au tableau ;

2° D'exiger que les élèves s'exercent à reproduire sur le papier, et sans jamais calquer, la carte des régions qu'ils étudient.

PROGRAMME.

PREMIÈRE ANNÉE.

I. *Notions de géographie générale.*

Le Globe terrestre. Les deux mouvements de la Terre. Pôles, équateur. Méridiens et parallèles. Longitude et latitude. Le jour et la nuit. Les saisons.

Notions élémentaires de géologie : les terrains.

Le relief du sol : montagnes, volcans, plaines.

Continents et mers. Leur répartition sur le globe.

Atmosphère : vents et pluies. Les climats.

Les eaux : eaux courantes; lacs et marais. Action des eaux.

Les côtes. Diverses espèces de côtes. Variations des rivages. Îles.

Les êtres vivants : végétaux, animaux. L'homme : races.

II. *Les régions polaires :* Principales explorations.

III. *Les deux Amériques.*

IV. *L'Océanie.*

V. *L'Asie.*

VI. *L'Afrique.*

VII. *L'Europe.*

N. B. — Pour les paragraphes III, IV, V, VI et VII, on suivra, à propos de chacun des pays étudiés, l'ordre ci-après indiqué :

1. Situation, limites et superficie du pays ou de la région considérée ; — nature et relief du sol ; — climat : vents et pluies ; — hydrographie ; côtes et îles. — Ressources naturelles.

2. Population : races, Religions et langues. — Principales villes.

3. Agriculture : Forêts et produits naturels ; principales cultures.

4. Industrie : conditions générales. Mines. Principales industries.

5. Commerce : Moyens de communication. Principaux ports. Relations commerciales avec la France.

DEUXIÈME ANNÉE.

La France : ses colonies et les pays de protectorat.

On donnera sur la France toutes les notions indiquées pour les autres pays européens. On aura, après l'étude de la géographie physique, à s'occuper successivement des questions suivantes : les départements et leurs chefs-lieux, les villes principales ; les frontières terrestres et maritimes ; le gouvernement, les divisions administratives ; la population suivant les régions ; les religions, les langues ; — les régions agricoles ; l'industrie, les principaux centres de fabrication ; les routes, chemins de fer et canaux.

Étude particulière de nos colonies et des pays placés sous notre protectorat. (On attirera spécialement l'attention des élèves sur les ressources industrielles qu'offrent ces divers pays, sur l'immigration, sur les conditions d'installation et les chances d'avenir offertes aux immigrants.)

NOTIONS D'ÉCONOMIE INDUSTRIELLE
ET DE LÉGISLATION OUVRIÈRE.

HORAIRE.

3ᵉ année .... 1 heure.

INSTRUCTIONS PÉDAGOGIQUES.

Il n'est certainement pas admissible que le jeune apprenti que formeront nos écoles pratiques ignore totalement, sa scolarité terminée, les lois naturelles qui régissent les faits économiques non plus que les principales questions de législation qui intéressent directement l'ouvrier moderne : de là ce double programme d'Économie industrielle et de Législation ouvrière auquel on consacrera une heure par semaine en 3ᵉ année.

Cette étude ne fera pas l'objet d'un cours suivi et complet où toutes les questions sont successivement abordées : elle se composera d'une série de leçons détachées sur des points déterminés, dont le programme ci-après contient la liste limitative.

On recommande la méthode de l'exposé oral sous forme de causerie : cet exposé sera suivi d'un résumé soit dicté, soit polycopié, et remis aux élèves. Les résumés polycopiés devront être réunis en un cahier unique.

On fera suivre les leçons de lectures concernant la biographie des grands industriels, des inventeurs, des ouvriers célèbres et l'histoire des grandes découvertes.

PROGRAMME.

Économie industrielle.

Les agents de la production. — *La nature :* conditions physiques, matières premières, forces naturelles.

Le travail : différentes sortes de travaux.

Le capital : ses diverses formes. — Formation du capital.

Caractères de la production contemporaine. — Développement du machinisme. — Division du travail. — Développement de la grande industrie : ses caractères. — Les crises.

Rémunération des agents de la production. — Le prix de revient. — Rémunération du capital : intérêt et bénéfice. — Rémunération du travail : 1° du travail intellectuel : droits de l'inventeur, appointements; 2° du travail manuel : étude du salariat et des divers modes de salaire. — Participation aux bénéfices.

Relations entre patrons et ouvriers. Des diverses institutions patronales.

Des moyens de transport : utilité des transports à bon marché.

Le crédit : services qu'il rend; ses inconvénients et ses dangers.

L'épargne : diverses institutions d'épargne.

L'assurance : ses diverses formes.

L'association : Associations de capitaux : cartels et trusts.

Les sociétés de secours mutuels.

Sociétés de crédit populaire.

Sociétés coopératives de production; de consommation.

Les syndicats professionnels : leur rôle. — Devoirs des patrons et des ouvriers.

L'État. — Attributions générales de l'État. — Son intervention dans les relations économiques. — Intervention législative dans les questions du travail.

Législation ouvrière.

I. *Contrat d'apprentissage* : ses conditions; devoir des patrons et des apprentis. Résolution du contrat.

Contrat de travail : Placement des travailleurs : bureaux de placement. Marchandage. Obligations respectives du patron et de l'ouvrier.

Responsabilité du patron en cas d'accidents; risque professionnel.

Législation relative aux salaires; privilège, insaisissabilité, incessibilité; retenues.

Conditions du travail dans les marchés de l'État, des départements, des communes et des établissements publics.

II. *Travail* des enfants et des femmes dans l'industrie; âge d'admission; durée de la journée de travail, travail de nuit, travaux souterrains.

Travail des hommes adultes : durée de la journée du travail; repos hebdomadaire.

Hygiène et sécurité des travailleurs : établissements industriels, mines, chemins de fer.

Inspection du travail : délégués mineurs.

III. Bourses du travail. — Coalitions et grèves; conciliation et arbitrage.

IV. *Conseils de Prud'hommes* : organisation, attributions.

V. *Retraites ouvrières.* — Caisses patronales ou syndicales de retraites et de secours. Retraites des mineurs.

Caisses nationales d'assurances en cas de décès et en cas d'accidents. Caisse nationale des retraites pour la vieillesse. — Caisses de chômage.

Habitations à bon marché.

VI. *Propriété industrielle.* — Brevets d'invention, marques de fabrique et de commerce, nom commercial; dessins et modèles industriels.

Union internationale pour la protection de la propriété industrielle.

NOTIONS
DE COMPTABILITÉ INDUSTRIELLE.

HORAIRE.

3ᵉ année............................... 1 heure.

PROGRAMME.

Notions élémentaires sur les actes et effets de commerce et sur la tenue des livres.

Comptabilité industrielle. — Étude très simple d'une monographie.

Comptabilité des ateliers. — (Prendre comme type celle des ateliers l'École.)

HYGIÈNE INDUSTRIELLE.

HORAIRE.

3ᵉ année.......... 1 heure pendant le dernier trimestre.

PROGRAMME.

Notions générales sur la constitution du corps humain.

Hygiène générale des établissements industriels.

Installation des fosses d'aisance, évacuation des eaux résiduaires, distribution d'eau potable, chauffage, dispositions de nature à éviter les incendies.

Atmosphère du travail.

Aération, ventilation, dangers de l'air confiné, nécessité de l'aération et de la ventilation; conditions et modes de leur établissement dans les ateliers industriels.

Dangers des matières mises en œuvre.

Matières irritantes, toxiques, infectieuses : poussières, buées, etc.

Moyens divers employés pour atténuer ou supprimer ces dangers suivant les cas (absorption, ventilation générale ou spéciale, etc.).

Accidents du travail.

Notions générales, asphyxie, brûlures, plaies simples ou contuses plaies par arrachement, fractures.

Premiers soins à donner en cas d'accidents.

ARITHMÉTIQUE ET CALCUL ALGÉBRIQUE.

HORAIRE.

1ʳᵉ année .... 3 heures.
2ᵉ année .... 2 —

INSTRUCTIONS PÉDAGOGIQUES.

Arithmétique.

L'enseignement de l'arithmétique a pour but d'exercer les élèves à calculer vite et bien, de les mettre à même de résoudre tous les petits problèmes qu'ils sont appelés à rencontrer plus tard dans l'exercice de leur profession. A cet effet, on accordera une importance particulière au calcul écrit et au calcul mental. On profitera du calcul écrit pour veiller à la simplification des expressions ainsi qu'à la détermination rationnelle des résultats. Quant aux exercices de calcul mental, il est recommandé d'y consacrer régulièrement dix minutes au commencement de chaque classe.

Par suite de l'importance accordée au calcul écrit et au calcul mental, la partie théorique du cours d'arithmétique ne comportera que les démonstrations essentielles. On se bornera, la plupart du temps, à énoncer les règles ou les principes; d'autres fois, on les expliquera et les commentera à l'aide d'exemples, soit expérimentalement ou graphiquement. Lorsque la question abordée sera déjà bien connue des élèves, on pourra en profiter pour exiger un peu plus de rigueur dans les démonstrations.

Les exercices d'application seront empruntés au commerce et à l'industrie, à la vie courante, au domaine des autres cours (s'entendre pour cela avec les professeurs de ces cours), à la spécialité professionnelle des élèves. Voici, à ce sujet, quelques indications :

a. Vérifier le montant d'une facture en tenant compte d'un escompte de caisse, d'une remise sur certains articles;

b. Évaluer un volume, un poids de matière première d'après un croquis côté pris à l'atelier;

c. Établir un salaire hebdomadaire ou mensuel en tenant compte des retenues pour les caisses de maladie, de chômage, de retraite, etc.;

d. Vérifier une feuille d'imposition en tenant compte du principal et des centimes additionnels;

e. Calculer les intérêts auxquels on a droit après plusieurs versements effectués en cours d'exercice à la Caisse d'épargne;

f. Calculer une prime d'assurance pour incendie; etc.

Les exercices proposés devront contribuer à fournir des notions exactes sur la valeur et le rapport des choses. Les données seront toujours vraisemblables, de manière que l'élève puisse se rendre compte de ses erreurs par la seule indication des résultats.

Enfin, toutes les fois que les solutions algébriques seront plus claires ou plus simples que les solutions arithmétiques, les problèmes seront franchement résolus par l'algèbre.

Calcul algébrique.

Le but du calcul algébrique est de permettre aux élèves de comprendre et d'appliquer les formules qu'ils rencontreront dans leurs cours de mécanique, de technologie, d'électricité et, plus tard, dans les formulaires. En conséquence, la théorie sera réduite au strict minimum, indispensable à la compréhension des opérations courantes.

Dans le choix des exemples et des exercices proposés, le professeur sera guidé par le souci constant des applications pratiques. Les problèmes résolus par l'algèbre seront de même nature que ceux indiqués en arithmétique.

PROGRAMME.

Arithmétique.

I. *Numération décimale.*

II. *Les quatre opérations fondamentales et leurs applications.*

Procédés de calcul rapide relatifs à ces opérations.

Vérification ou démonstration expérimentale de quelques opérations de première nécessité.

Ajouter ou retrancher d'un nombre la somme ou la différence d'autres nombres,

Multiplier ou diviser une somme ou une différence par un nombre.

Mettre en facteur commun, etc.

III. *Divisibilité.*

Définitions : multiple, sous-multiple, diviseur, facteur. Caractères de divisibilité.

Applications : trouver rapidement les diviseurs communs à deux ou plusieurs nombres.

Vérification par 9 de la multiplication et de la division.

IV. *Plus grand commun diviseur.*

Recherche du p. g. c. d. par la méthode des divisions successives.

Propriété fondamentale du p. g. c. d.

V. *Nombres premiers.*

Définition. Table. Reconnaître qu'un nombre est premier.

Décomposition d'un nombre en ses facteurs premiers.

Plus grand commun diviseur et plus petit multiple commun à deux ou plusieurs nombres.

Applications.

VI. *Fractions ordinaires.*

Définition.

Comparaison des fractions à l'unité et des fractions entre elles.

Conversion des nombres fractionnaires en expressions fractionnaires.

Extraire les entiers d'une fraction.

Variations de la valeur d'une fraction résultant de la multiplication ou de la division, par un nombre entier, de l'un des deux termes ou des deux termes à la fois, de cette fraction.

Simplification d'une fractions.

Réduction de fractions au même dénominateur.

Opérations sur les fraction.

Exercice de calcul rapide sur les fractions. Multiplications par 1/2, 1/4, etc.

VII. *Nombres décimaux.*

Un nombre décimal peut être mis sous la forme d'une fraction décimale.

Influence du déplacement de la virgule dans un nombre décimal.

Valeur approchée d'un nombre décimal obtenu en supprimant un ou plusieurs chiffres placés à la droite d'un nombre donné.

Opérations sur les nombres décimaux. — Expliquer ces opérations en transformant les nombres décimaux en fractions décimales sur lesquelles on opère comme sur des fractions ordinaires.

Transformation d'une fraction ordinaire en un nombre décimal avec une approximation demandée.

Fractions périodiques.

Transformation d'un nombre décimal en fraction ordinaire.

Exercices de calcul mental relatifs aux nombres décimaux. — Multiplication ou division par 0,1 ; 0,2 ; 0,4 ; 0,5 ; 0,25, etc.

VIII. *Puissances et racines.*

Carré d'un nombre. Racine carrée. Carrés des dix premiers nombres.

Pratique de l'extraction de la racine carrée d'un nombre entier ou fractionnaire.

Formation rapide de carrés.

Pratique de l'extraction de la racine cubique.

IX. *Système métrique.*

Définition. Qualités. Avantages. Diverses unités. Relations entre deux unités consécutives pour chacune des mesures.

Relation entre les unités de mesures différentes.

Problèmes sur les poids et densités.

Mesures du temps, de la circonférence.

Mesures anglaises de longueur, — pas anglais.

Loi du 11 juillet 1903 et décret du 28 juillet 1903.

X. *Rapports et proportions.*

Manière d'évaluer le rapport de deux grandeurs, de le représenter.

Propriétés des rapports.

Propriétés fondamentales des proportions.

XI. *Grandeurs proportionnelles.*

Nombreux exemples de grandeurs proportionnelles.
Règle de trois. — Applications.
Intérêt simple. — Méthodes abrégées.
Escompte; un mot sur les effets de commerce.
Questions sur le *tant* pour cent.
Partages proportionnels.
Questions sur les alliages.
Quelques notions élémentaires sur la rente, les actions et les obligations, la caisse d'épargne, les impositions, les primes d'assurance.

DEUXIÈME ANNÉE.

Calcul algébrique.

I. *Notions préliminaires.*

Signes des opérations. — Signes de relation. — Parenthèses.
Emploi des lettres et des signes pour simplifier et généraliser les solutions.
Exemples déjà traités en arithmétique : trouver deux nombres connaissant leur somme et leur différence. — Utilité des formules algébriques. — Exemples.

II. *Expressions algébriques.*

Révision des principes relatifs aux opérations arithmétiques. — Exercices nombreux. — Définitions. — Monome, polynome, degré, termes positifs, termes négatifs. — Valeur numérique d'une expression algébrique.
Termes semblables.
Expressions algébriques équivalentes.

III. *Opérations algébriques.*

Rappeler pour chacune d'elles les principes étudiés en arithmétique. Traiter la question au point de vue purement pratique.
Addition, soustraction, multiplication.
Produits remarquables.
Mise en facteur commun.

IV. *Fractions algébriques.*

Rappeler les opérations sur les fractions en arithmétique.
Opérations sur les fractions algébriques.

V. *Équations du premier degré.*

Généralités. — Égalité, identité, équations, système d'équations.

Nombre d'inconnues, degrés, racines.

Équations équivalentes ou systèmes d'équations équivalentes.

Principes relatifs aux équations : modification apportée aux deux membres d'une équation : 1° par addition ou soustraction d'une même quantité; conséquences pratiques; 2° par multiplication ou division par une même quantité qui n'est pas ou ne peut pas devenir nulle; conséquences pratiques.

Résolution de l'équation du 1er degré à une inconnue.

Exemples de difficulté graduée. — Exercices nombreux.

Résolutions des problèmes du 1er degré à une inconnue. — Exercices nombreux. — Données numériques.

Résolution d'un système de deux équations à deux inconnues.

VI. *Résolution de l'équation du second degré.*

VII. *Progressions.* — Étude simple.

VIII. *Logarithmes.* — Définition et usage.

GÉOMÉTRIE.

HORAIRE.

1re année............................... 3 heures.
2e année............................... 2 —

INSTRUCTIONS PÉDAGOGIQUES.

Dans ses grandes lignes, l'enseignement de la géométrie doit être aussi simple que possible et réduit aux propositions indispensables. Il sera le plus souvent expérimental, et les démonstrations longues et compliquées ne seront maintenues que lorsqu'elles présenteront un caractère fondamental. Les définitions une fois données d'une façon précise, *on cherchera à montrer plutôt qu'à démontrer.*

Tout l'enseignement sera dominé par cette considération que les résultats en eux-mêmes sont plus importants au sens pratique que les démonstrations qui permettent de les justifier. On n'hésitera pas à considérer comme tel ce qui, apparemment, est évident. Enfin on accordera une très large place aux applications professionnelles des notions enseignées. Toutefois on ne perdra jamais de vue le but éducatif de la géométrie, et, tout en accordant la première place à la pratique, on exigera des élèves de la précision dans les termes et de la clarté dans le raisonnement.

Pour rendre cet enseignement le moins abstrait possible, le professeur aura soin de baser ses explications sur des notions concrètes. Du mouvement de rotation concrétisé par celui des aiguilles d'une montre, d'une porte qui s'ouvre, d'un pupitre qu'on lève, on déduira la notion de l'angle, du dièdre, de la surface engendrée, du volume de la révolution; d'un tiroir qu'on ouvre et qu'on ferme, on déduira la notion de translation et, par suite, de parallélisme, etc.

Au début, le professeur devra aller très lentement afin de familiariser l'élève avec le vocabulaire spécial employé, la technique dont on fait usage, afin de ne pas le dérouter et de lui permettre de comprendre les premières propositions et d'en saisir l'enchaînement.

L'enseignement deviendra ensuite peu à peu plus abstrait et pourra prendre son cours normal. Il est bon toutefois que le maître continue à matérialiser le plus possible les figures en cherchant des exemples autour de lui.

Pour permettre à la géométrie de donner un appui efficace au cours de dessin, il apparaît utile de mener parallèlement l'étude de la géométrie plane et celle de la géométrie dans l'espace. Cette dernière habitue à lire dans l'espace et est l'introduction naturelle à la lecture du dessin industriel. Aussi, pour tirer le meilleur profit possible du cours de géométrie, le programme ci-après s'inspire-t-il largement de ces considérations.

Il est recommandé en outre de donner une place importante aux applications pratiques, et de choisir le plus possible les exemples dans les travaux de dessin ou d'atelier. C'est ainsi qu'après avoir défini le plan comme formé de deux droites qui se coupent, on signalera aux élèves les moyens employés à l'atelier pour la vérification du dressage d'une face plane, qu'on leur montrera que les notions de perpendicularité ou de parallélisme trouvent à chaque instant à l'atelier ou en dessin leurs applications, soit pour la vérification des instruments de mesure, soit pour l'exécution des divers tracés, etc.

PROGRAMME.

PREMIÈRE ANNÉE.

I

Ligne droite et plan.

La ligne droite. — Définitions. — Propriétés. — Demi-droite. — Segment de droite.

Plan. — Définition. — Propriétés. — Demi-plan. — Portion de plan. Intersection de deux plans.

Segment de droite. — Égalité de deux segments. — Somme ou différence de deux segments. — Segment valant 2, 3, 4 fois un autre segment ou la 1/2, le 1/3, le 1/4 d'un autre segment.

Généralités sur les déplacements.

Définition de la rotation et de la translation. — Principes fondamentaux.

Angle et dièdre.

Rotation d'un segment de droite. — Circonférence. — Arc. — Corde. — Égalité de deux arcs; somme; différence. — Arc valant 2, 3, 4, ...fois un autre, ou la 1/2, le 1/3, le 1/4. ... d'un autre arc.

Angle. — Rotation d'une demi-droite.

Dièdre. — Rotation d'un demi-plan.
Angles consécutifs. — Dièdres consécutifs.
Somme des angles.
Somme des dièdres.
Comparaison des angles et des dièdres. — Égalité des angles et des dièdres.
Bissectrice d'un angle. — Bissecteur d'un dièdre. — Propriétés.

Droites perpendiculaires et obliques. Plans perpendiculaires et obliques.
Angle aigu, obtus, droit. — Dièdre aigu, obtus, droit.
Égalité des angles droits. — Égalité des dièdres droits.
Angles complémentaires, angles supplémentaires.
Dièdres complémentaires, dièdres supplémentaires.
Propriétés des droites perpendiculaires et obliques.
Angle plan d'un dièdre. — Propriétés.

Droite perpendiculaire à un plan. — Propriétés. — Montrer que, par la rotation d'un angle droit ABC autour de l'un de ses côtés AB, le côté BC engendre un plan perpendiculaire à AB, et que ce plan renferme toutes les perpendiculaires à AB. — Conséquences.

Droite oblique à un plan. — Considérations.

Parallélisme. — Définition générale : deux figures sont parallèles si, par une translation rectiligne, on peut les appliquer l'une sur l'autre.

Droite et plans parallèles. — Définition. — Propriétés.

Droite parallèle à un plan. — Définition. — Propriétés.

Droite qui coupe deux parallèles. — Propriétés des angles formés. — Angles à côtés parallèles ou perpendiculaires.

Notions sur la symétrie. — Symétrie par rapport à un point, par rapport à une droite, par rapport à un plan.
Propriétés des figures symétriques.

Polygone. — *Triangle.* — Définitions.
Triangle isocèle. — Mettre ses propriétés en évidence au moyen de la symétrie.
Cas d'égalité des triangles. — Relations entre les côtés et les angles d'un triangle.
Longueurs des segments de droite issus d'un même point et allant rejoindre : 1° une droite; 2° un plan. — Distance d'un point : 1° à une droite; 2° à un plan.
Triangles rectangles. — Cas d'égalité. — Théorèmes des trois perpendiculaires.

Parallélogramme. — Propriétés.

II

Circonférence.

Rappel des définitions. — Corde et distance au centre. — Diamètre perpendiculaire à une corde. — Propriétés.
Positions relatives d'une droite et d'une circonférence. — Sécante. — Tangente.
Positions relatives de deux circonférences. — Propriétés diverses.

DEUXIÈME ANNÉE.

III

Grandeurs proportionnelles. — *Figures semblables.*

Rappel des définitions de la mesure d'une grandeur. — Rapport de deux grandeurs.
Longueurs proportionnelles. — Théorème de Thalès. — Application au triangle.
Construire une quatrième proportionnelle, une troisième proportionnelle. — Partager un segment en plusieurs parties égales. — Partager un segment en segments proportionnels à deux ou plusieurs segments donnés. — Applications. — Homothétie et similitude. — Applications.

Théorème de Pythagore. — Puissance d'un point par rapport à un cercle. — Construire la moyenne proportionnelle. — Vérification de l'angle droit par le calcul des côtés (3, 4, 5).

Étude des polygones réguliers. — Carré, octogone; hexagone, triangle équilatéral, pentagone, décagone, valeur des angles et des côtés. — Construction de ces polygones connaissant : 1° le rayon : 2° le côté; 3° l'apothème.

Nombre π. — Longueur de la circonférence. — Longueur d'un arc de cercle. — Rectification d'un arc.

Notions très élémentaires de trigonométrie réduites aux définitions des lignes trigonométriques et à la résolution des triangles rectangles.

IV

Mesure des aires.

Rectangle, parallélogramme, triangle, trapèze, polygone quelconque. — Polygones réguliers. — Cercle. — Secteur. — Segment. — Applications : Faire beaucoup d'exercices de calcul.

V

Volumes.

a. Prisme et parallélépipède. — Surface latérale, totale. — Développement. — Volume.

Pyramide. Tracés pour construire sur une pièce un prisme, une pyramide régulière.

Tronc de pyramide, tronc de prisme triangulaire.

b. Corps ronds.

Surface de révolution (rotation).

1° Surface cylindrique, cylindre, cylindre de révolution. Surface latérale, surface totale, développement, volume.

2° Surface conique, cône, cône de révolution.

Surface latérale, surface totale, développement, volume. — Tronc de cône, surface latérale, totale, développement, volume.

3° Sphère définie comme surface de révolution.

Section plane, petit cercle, grand cercle, pôle.

Compas sphérique. — Tracés sur la sphère.

Droite et plan tangents. — Cylindre et cône circonscrit. — Zone. — Surface. — Développement approché.

Fuseau, surface, développement approché.

Développement de la sphère :

1° Par zones;

Par fuseaux.

Surface de la sphère. — Volume.
Notions sur la cubature des bois, le jaugeage des tonneaux.

PHYSIQUE.

HORAIRE.

1ʳᵉ année.... .... 1 h. 1/2.
2ᵉ année .... 1 h. 1/2 par quinzaine.

INSTRUCTIONS PÉDAGOGIQUES.

L'enseignement devra être dirigé résolument vers les applications industrielles. On évitera soigneusement la confusion des détails dans les applications pour s'en tenir seulement aux parties essentielles et aux principes.

On éliminera toutes les théories et toutes les hypothèses que la science et l'industrie contemporaines ont aujourd'hui abandonnées, comme n'ayant plus qu'un intérêt historique et spéculatif.

L'enseignement sera avant tout expérimental. L'énoncé de la loi ou du principe suivra le plus souvent la constatation et la vérification d'un fait. Les expériences seront simples et aussi nombreuses que possible. Des appareils compliqués ne sont pas toujours indispensables; beaucoup d'instruments pourront être fabriqués dans les ateliers de l'école.

PROGRAMME.

PREMIÈRE ANNÉE.

Exercices préparatoires.

Exercices préparatoires en vue de montrer les divisions de la physique.

Exercices d'observation sur quelques faits de la vie ordinaire qu'on reproduira devant les élèves, pour servir d'introduction à l'enseignement de la physique. Chute de corps de diverses formes. — Ascension de la fumée, des bulles de savon. — Ascension de l'eau par aspiration dans des tubes de verre, de paille, plongés par un bout dans ce liquide. — Maintien de l'eau dans un verre renversé. — Cerclage des roues de voitures. — Ébullition de l'eau dans un ballon de verre. — Buée formée sur un verre à boire ou une carafe transportés d'un lieu frais dans un lieu plus chaud. — Action d'un bâton de verre ou de cire à cacheter frotté avec un morceau d'étoffe de laine sur les corps légers. — Action d'un aimant sur des aiguilles à coudre ou sur de la limaille de fer. — Réflexion d'un rayon solaire à l'aide d'une plaque de verre.

Pesanteur.

Direction de la pesanteur. — Fil à plomb. — Verticale. — Horizontale. — Niveau de maçon.
Chute des corps. — Centre de gravité. — Équilibre des corps. — Poids. — Mesure des poids. — Usages de la balance et de la bascule.

Hydrostatique.

Constatations expérimentales relatives aux liquides en repos. — Horizontalité de la surface. — Niveau dans les vases communicants. — Applications au niveau d'eau, à la distribution d'eau dans les maisons, les jardins ou les rues, aux sources, puits artésiens, aux écluses de canaux, tube indicateur de niveau, etc.
Pression des liquides sur les parois des vases qui les renferment. — Expériences diverses mettant cette pression en évidence. — Évaluation de cette pression; applications; constructions hydrauliques. — Transmission des pressions par un liquide. — Presse hydraulique. — Citer les applications les plus importantes : ascenseur, machine à emboutir, presse à forger, accumulateur de pression.
Principe d'Archimède établi expérimentalement. — Applications : corps flottants, densité, aréomètres à poids constant.

Pneumatique.

Expériences simples mettant en évidence :

1° Les propriétés générales des gaz, telles que l'élasticité et le poids
2° L'existence de la pression atmosphérique. — Baromètre (un seul modèle de précision). — Principe du baromètre métallique. — Usages.
Loi de Mariotte établie expérimentalement. Manomètres (à air libre et

métalliques); applications à la machine à vapeur de l'école. — Machine pneumatique (le modèle de l'école seulement). — Raréfaction industrielle des gaz. — Pompe pneumatique industrielle. — Évaporation et concentration dans le vide; filtration rapide; pompe à vide du condenseur. — Compression industrielle des gaz. — Machines soufflantes. — Applications : tubes pneumatiques; fondations à l'air comprimé; perforations; moteurs et outils à air comprimé.

Pompes.

Siphons.

Aérostats.

Optique.

Sources lumineuses. — Propagation de la lumière. — Ombre et pénombre.

Réflexion de la lumière sur un miroir plan; constatation expérimentale des faits et déduction des principes fondamentaux. — Usages.

Réfraction. — Prisme.

Propriétés des lentilles établies expérimentalement.

Étude d'un instrument d'optique usuel.

DEUXIÈME ANNÉE.

Chaleur.

Dilatation des corps par la chaleur; le phénomène sera mis en évidence par quelques expériences simples. — Applications au thermomètre. — Usage de cet instrument pour la mesure des températures.

Applications des dilatations.

Changement d'état physique par la chaleur. — Fusion et vaporisation. — Passage inverse. — Liquéfaction et solidification. — Expansion de l'eau lorsqu'elle gèle; effets divers.

Vaporisation dans le vide. — Vapeurs saturantes et vapeurs non saturantes.

Évaporation. — Froid produit par l'évaporation. — Application à la production du froid ou de la glace.

Ébullition. — Lois de l'ébullition. — Applications : principe des appareils à concentrer dans le vide. — Principe des autoclaves.

Condensation. — Distillation.

Production industrielle de la chaleur.

Sources de chaleur. — Combustibles. — Fours et fourneaux.

Principaux modes de chauffage dans l'économie domestique et dans l'industrie.

Ventilation. — Ventilation naturelle par action de la chaleur. — Ventilation mécanique par appel, par refoulement. — Applications : usines diverses.

Notions élémentaires sur l'équivalent mécanique de la chaleur.

Vapeur d'eau contenue dans l'atmosphère. — État hygrométrique.

Transmission de la chaleur par rayonnement et par conductibilité, expériences simples qui permettent de constater la différence de conductibilité. — Applications aux cas les plus usuels.

CHIMIE.

HORAIRE.

1re année.......................... 1 h. 1/2.
2e année.......................... 1 h. 1/2 par quinzaine.

INSTRUCTIONS PÉDAGOGIQUES.

Cet enseignement a pour but de donner aux élèves les notions les plus indispensables sur les lois de la chimie, la classification et les propriétés des corps, les applications industrielles de cette science.

Il n'apparaît pas, en effet, qu'il soit nécessaire d'étudier tous les corps que renferment les traités classiques; il faut se borner à ceux qu'on rencontre le plus fréquemment dans l'industrie et le commerce, en ayant bien soin de les faire connaître à la fois sous leur nom chimique et sous leur dénomination usuelle (soude, esprit de sel, vitriol, borax, etc.). Il conviendra de rechercher, parmi leurs propriétés, celles qui sont le plus typiques et susceptibles d'applications. On insistera particulièrement sur la réalisation pratique de ces applications.

Le but à atteindre est que l'élève possède sur les principes fondamentaux de la chimie, sur les propriétés essentielles des matériaux dont il aura à se servir, sur leurs usages, le mode de travail spécial à chacun d'eux (travail du zinc, de l'aluminium, aciers spéciaux, etc.), des connaissances simples mais sûres, applicables à la profession qu'il a embrassée.

Dans son ensemble, le cours doit donc présenter un caractère technologique très net, qui en fera l'originalité.

L'étude de la chimie étant commencée dès la première année, il conviendra que le professeur ne perde pas de vue qu'il s'adresse à des

4.

élèves ayant une éducation scientifique très rudimentaire. Il ne serait donc pas rationnel de débuter par l'exposé des lois générales, susceptible de les rebuter et à la compréhension desquelles rien ne les a préparés.

Il faudra, au contraire, les acheminer lentement vers ce résultat, en commençant par les initier au vocabulaire, au matériel de laboratoire, en étudiant d'abord les corps qui leur sont familiers (air, eau, charbon). On pourra alors, de ces connaissances, tirer des lois ou des définitions, et généraliser.

La nécessité d'un livre s'impose de façon que le professeur puisse donner tous les soins à la partie expérimentale. L'élève se borne à prendre sur un cahier *ad hoc* le schéma et le relevé des expériences faites et les compléments que le livre ne fournirait pas.

Pour que l'élève garde un souvenir précis des corps ou produits étudiés, pour qu'il puisse mettre un nom sur ceux qu'on pourra lui montrer un jour, il est indispensable qu'il les voie, qu'il les manipule, qu'il se rende compte *de visu* de leurs propriétés caractéristiques : d'où l'utilité de manipulations très simples sur les corps essentiels.

PROGRAMME.

PREMIÈRE ANNÉE.

Expériences simples ayant pour but :

1° De différencier le phénomène physique du phénomène chimique ;

2° D'amener aux notions de corps simples, corps composés, décomposition, combinaison, analyse, synthèse ;

3° De familiariser les élèves avec les appareils et procédés de laboratoire (différentes façons de produire et de recueillir un gaz, etc.).

I. *Air.*

Composition qualitative.

II. *Oxygène.*

Combustion dans l'oxygène. — Rôle de l'oxygène et de l'azote dans la respiration. — Des produits obtenus par combustion dans l'oxygène ; donner quelques notions sur les oxydes, acides, sels, hydrates.

III. *Eau pure.*

Composition de l'eau. — Pouvoir dissolvant. — Eaux naturelles. — Eaux industrielles. — Eaux résiduelles. — Eaux potables.

IV. *Hydrogène.*

Propriétés essentielles :

1° Légèreté : gonflement des ballons ;

2° Combustion : soudures autogènes ;

3° Pouvoir réducteur : réduction des oxydes.

V. *Charbons.*

a. Caractères communs des charbons. Classification. Propriétés essentielles :

1° Pouvoir absorbant : épuration des eaux ;

2° Pouvoir décolorant : raffinage du sucre ;

3° Pouvoir réducteur : fabrication du fer.

b. Productions de la combustion du charbon.

1° Gaz carbonique :
Propriétés essentielles ;
Applications industrielles : eaux gazeuzes, carbonatation ; rôle de ce gaz dans la nature.

2° Oxyde de carbone ;
Propriétés essentielles ;
Pouvoir réducteur ; son importance dans l'industrie : réduction des oxydes de fer dans les hauts fourneaux.
Température élevée et régulière produite par sa combustion ; gazogène, récupération, moteurs à gaz pauvre.
Son rôle toxique.

c. Applications du charbon et de ses composés au chauffage et à l'éclairage.

1° Combustibles :
solides : charbons naturels, coke, agglomérés, charbon de bois ;
gazeux : gaz de houille, gaz pauvre, gaz à l'eau, gaz mixte, gaz de bois, acétylène ;
liquides : pétroles, huiles lourdes de pétrole.

2° Quelques mots sur la composition d'une flamme pour expliquer son pouvoir éclairant.

Se basant sur les notions qui viennent d'être acquises, donner des notions élémentaires sur les lois des combinaisons chimiques, la notation chimique et la classification des métalloïdes.

VI. *Chlore.*

Propriétés essentielles.

Pouvoir oxydant : blanchiment, désinfection. — Quelques mots sur l'acide chlorhydrique (esprit de sel) et les chlorures susceptibles d'applications industrielles.

VII. *Soufre.*

Propriétés essentielles.

Emplois industriels du soufre ; poudre à tirer, allumettes, vulcanisation du caoutchouc, scellements, etc.

Emplois dans l'agriculture et la médecine.

Principaux composés du soufre :

1° Anhydride sulfureux ; son emploi dans le blanchiment des textiles, comme désinfectant, dans la machine à glace, etc.

2° Acide sulfurique, son emploi dans la fabrication des composés chimiques les plus usités, des bougies, du glucose, du phosphore, des matières colorantes, dans l'épuration des huiles, l'extraction des matières grasses, les piles, la dissolution de l'indigo, etc.

3° Quelques mots sur l'hydrogène sulfuré et les sulfates susceptibles d'applications industrielles ou agricoles.

VIII. *Principaux composés de l'azote.*

1° Ammoniaque, sels ammoniacaux.

Emploi de l'ammoniaque dans les appareils frigorifiques, en teinturerie pour dissoudre les couleurs, rehausser les teintes, dégraisser, etc.; emploi des sels ammoniacaux dans les soudures, en agriculture.

2° Acide azotique.

Pouvoir oxydant : fabrication de l'acide sulfurique.

Pouvoir nitrant : nitroglycérine, celluloïd. Agent de dérochage dans le travail des métaux : gravure sur métaux.

IX. *Phosphore.*

Propriétés essentielles : fabrication des allumettes.

Emploi des scories de hauts fourneaux en agriculture.

X. *Silicium.*

Rôle du silicium dans la métallurgie; silice ou sable.
Produits céramiques : briques, tuiles, faïences, porcelaines.
Produits vitrifiés : verre, cristal.
Produits réfractaires : carborundum.

DEUXIÈME ANNÉE.

Métaux.

Propriétés physiques : aspect, texture, densité, fusion, conductibilité.
Propriétés mécaniques : ténacité, malléabilité, ductilité.
Propriétés chimiques : action de l'oxygène, de l'air, de l'eau : moyen
de protéger les métaux contre la rouille.

I. *Fers, fontes et aciers.*

Différence entre les fers, fontes et aciers. — Principes sur lesquels
repose la fabrication de ces produits.

1° Hauts fourneaux. — Différentes espèces de fontes. — Usages
divers.

2° Fers soudés. — Puddlage, cinglage, laminage.

3° Fers et aciers fondus, aciers au creuset, acier Bessemer, acier
Thomas, acier Martin, aciers spéciaux.

Quelques mots sur les composés du fer : ocres, colcothar, vitriol vert,
prussiates.

II. *Zinc.*

Métallurgie. Propriétés, usages, fer galvanisé.
Quelques mots sur le blanc de zinc, le sulfate de zinc (lithophone).

III. *Cuivre.*

Principales propriétés. Usages.
Quelques mots sur les composés de cuivre susceptibles d'applications
industrielles : couperose bleue.

IV. *Étain.*

Principales propriétés. — Usages. — Étamage du fer, du cuivre. —
Fer-blanc.

V. *Plomb.*

Principales propriétés. — Usages. — Composés du plomb les plus importants : litharge, minium, céruse, jaune de chrome.

VI. *Aluminium.*

Principales propriétés. — Usages. — Aluns.

VII. — Quelques mots sur le nickel, l'or, l'argent, le platine, le mercure.

VIII. *Les Alliages.*

Préparation et propriétés des alliages.

1° Laiton : métal Delta ;

2° Bronze : bronze d'art, bronze de cloches. — Bronze de monnaies. — Bronze de constructions mécaniques. — Bronze d'aluminium. — Bronze phosphoreux ;

3° Antifriction ;

4° Maillechort ;

5° Soudure et brasure ;

6° Alliages fusibles.

Matières organiques.

Moyens de reconnaître les corps simples contenus dans les substances organiques.

Notions sommaires sur :

1° Les industries se rattachant aux fermentations, boissons fermentées, alcool industriel, vinaigre, etc.

2° Les industries se rapportant aux hydrates de carbone, sucre, cellulose et dérivés.

3° Les industries des matières textiles : blanchiment, teinture, etc.

Cette partie peut être adaptée aux besoins de chaque école.

NOTIONS DE GÉOMÉTRIE DESCRIPTIVE APPLIQUÉE AU DESSIN.

TROISIÈME ANNÉE.

HORAIRE.

1 leçon de 1 heure par semaine.

INSTRUCTIONS PÉDAGOGIQUES.

Ces notions de géométrie descriptive ont pour but de préciser le dessin, de le compléter et d'amener les élèves à se rendre exactement compte des tracés pratiques qu'ils pourront avoir à faire plus tard dans les ateliers de construction.

Les difficultés que les commençants éprouvent à saisir les principes de descriptive tiennent uniquement à ce qu'ils voient mal, dans l'espace, les lignes, plans ou objets représentés par l'épure, et qu'ils ne comprennent pas comment on doit les dessiner. C'est dire qu'il est indispensable que le professeur puisse se servir d'un matériel spécial d'enseignement assez complet : plans articulés, lignes en fil de fer, plans ou figures planes en carton ou en tôle mince, solides géométriques et objets divers, pour lui permettre de montrer les choses telles qu'elles sont dans l'espace en même temps qu'il les dessine sur les plans de projection ou qu'il en fait l'épure.

Les élèves prennent à main levée les épures faites en classe, et les relèvent, en étude, à la règle et au compas sur leur cahier de cours. Dans le courant de l'année, on leur donne en outre à résoudre un certain nombre d'exercices et de problèmes simples et pratiques.

PROGRAMME.

Objet de la géométrie descriptive. — Projection orthogonale d'un point, d'une ligne, sur un plan. — Nécessité d'un deuxième plan de projection pour déterminer la position du point ou de la ligne dans l'espace.

Un point de l'espace peut encore être déterminé par sa projection sur un plan et par la cote de sa distance au plan. — Idée des projections cotées.

Plans de projection. — Choix. — Plan horizontal, plan vertical. — Rabattement du plan vertical sur le plan horizontal; ligne de terre.

Projections d'un point placé au-dessus du plan horizontal et en avant du plan vertical; cote et éloignement. — Épure. — Ligne de rappel.

Dessiner l'épure d'un point connaissant sa cote et son éloignement.

Emploi de plans verticaux de projection auxiliaires; changement de plan. — Plan de profil; utilité et emploi dans le dessin.

Étant données les projections d'un point, déterminer sa projection sur un plan de profil.

Projections d'une droite. — Épure. — Positions particulières de la droite par rapport aux deux plans de projection : droite de bout, droite de profil.

Étant donnée l'épure d'une droite : 1° prendre sur cette droite un point de cote ou d'éloignement donné; 2° projeter la droite sur un plan vertical auxiliaire.

Projection auxiliaire d'une droite de profil.

Traces d'une droite sur les plans de projection. — Application.

Rabattement du plan projetant horizontalement ou verticalement la droite. — Vraie distance de deux de ses points.

Projections de deux droites parallèles ou concourantes.

Projections de figures planes situées dans un plan parallèle à l'un des plans de projection.

Projections de solides simples reposant sur le plan horizontal. — Projection de ces solides sur un plan de profil. — Application à la représentation en plan, en élévation et de profil d'objets simples de mécanique et de menuiserie.

Traces d'un plan. — Représentation, par ses traces, d'un plan perpendiculaire à l'un des plans de projection. — Différentes positions de ce plan par rapport aux deux plans de projection.

Rabattement et rotation. — Rabattement d'un plan perpendiculaire à l'un des plans de projection. — Vraie grandeur d'une figure contenue dans ce plan.

Opération inverse et projections de la figure du plan. — Cas où la figure est un cercle.

Rabattement et relèvement d'un plan de profil.

Rotation d'une droite autour d'un axe passant par un de ses points et perpendiculaire à l'un des plans de projection. — Application : trouver les vraies grandeurs des arêtes d'une pyramide donnée par ses projections.

On donne une pyramide régulière posée sur le plan horizontal, trouver ses projections pour une position quelconque par rapport aux plans de projection.

Section plane d'un polyèdre. — Section d'un prisme droit reposant, par sa base, sur le plan horizontal, par un plan perpendiculaire au plan vertical. — Rabattement de la section et développement de la surface latérale du tronc de prisme.

Section droite d'un prisme oblique dont les arêtes sont parallèles au plan vertical. — Rabattement de la section.

Section d'une pyramide reposant, par sa base, sur le plan horizontal, par un plan perpendiculaire au plan vertical. — Rabattement de la section et développement de la surface latérale de la pyramide tronquée.

Représentation du cylindre et du cône. — Génératrices ; contours apparents. — Projections du cylindre, du cône dont la base est dans un plan perpendiculaire à l'un des plans de projection. — Développement des surfaces latérales.

Section d'un cylindre et d'un cône de révolution reposant, par leur base, sur un plan horizontal, par un plan perpendiculaire au plan vertical. — Rabattement de la section et développement de la surface latérale et de la courbe d'intersection.

Section droite, en vraie grandeur, d'un cylindre oblique dont l'axe est parallèle au plan vertical. — Développement de la surface latérale.

Dessin d'un écrou hexagonal à chanfrein conique.

Représentation de la sphère. — Définition. — Contours apparents. — Parallèles, équateur. — Méridiens. — Sections planes. — Relation entre le rayon de la sphère, le rayon d'une section plane et la distance du centre de cette section à celui de la sphère.

Étant donnée l'une des projections d'un point de la surface d'une sphère, trouver l'autre. — Distinction des points vus et des points cachés.

Section d'une sphère par un plan perpendiculaire à l'un des plans de projection. — Application à l'épure de l'écrou hexagonal à chanfrein sphérique.

Développement approximatif de la sphère par fuseaux.

Intersection de solides géométriques. — Intersection, dans des cas simples, de deux cylindres de révolution, d'un cône et d'un cylindre. — Développement des surfaces.

Intersection d'un cône ou d'un cylindre de révolution avec une sphère ayant son centre sur l'axe du cône ou du cylindre.

N. B. — Les applications de ces quelques notions générales de géométrie descriptive seront spéciales à chaque section professionnelle.

MÉCANIQUE.

TROISIÈME ANNÉE.

HORAIRE.

Deux leçons de 1 heure par semaine.

INSTRUCTIONS PÉDAGOGIQUES.

Le but de cet enseignement est de donner aux élèves des notions simples mais précises sur les lois usuelles de la mécanique, et de leur en faire comprendre les principales applications.

Toute formule devra être précisée par des exercices numériques qui comporteront, autant que possible, des données se rapportant aux choses de l'atelier.

L'enseignement sera surtout expérimental. On fera peu de démonstrations mathématiques. On montrera et on expliquera plutôt qu'on ne démontrera.

Si, par exemple, à propos des forces concourantes, le professeur se borne à tracer au tableau noir les droites représentatives de ces forces, l'élève ne se rend qu'imparfaitement compte de l'action simultanée des forces dont il s'agit. Il n'en est plus de même si l'on a soin de faire déplacer par deux élèves, tirant dans deux directions différentes par l'intermédiaire de cordes et de pesons à ressort, un bloc reposant sur une table.

De même, il est à craindre que la notion du «moment d'une force» défini comme produit de deux facteurs ne laisse dans l'esprit des élèves qu'une impression vague et fugitive. Les résultats sont tout autres si le professeur a soin de mettre en évidence, au moyen d'un levier, par exemple, de quels éléments dépend l'effet d'une force.

Dans le même ordre d'idées, la description des mécanismes et l'étude de leur fonctionnement devront être faits à l'aide des mécanismes mêmes. Il ne faut pas oublier, en effet, qu'une leçon donnée au moyen de croquis au tableau noir ou de dessins muraux est fort difficile à suivre, surtout si l'appareil est quelque peu compliqué. En présentant aux élèves l'appareil lui-même, le professeur leur en facilitera l'étude, et cette recommandation prend un caractère plus impératif encore quand il s'agit d'examiner le fonctionnement de certains organes de machines, comme un tiroir de distribution, une coulisse de changement de marche, etc. Il faut noter, en outre, que la vue de l'appareil donne aux élèves des indications nettes et précises sur les formes et les proportions employées, et que les expériences auxquelles cet appareil pourra donner lieu les intéresseront toujours et leur feront prendre goût à l'étude de la mécanique.

Toutes les écoles devraient donc posséder une importante collection d'appareils de démonstration, d'organes de machines, de mécanismes divers et de modèles en réduction de machines, comme : roues hydrauliques, turbines démontables, moteur à pétrole avec cylindre coupé..., et même une petite machine à vapeur de deux ou trois chevaux sur laquelle on pourrait faire des essais de réglage de l'appareil de distribution, prendre des diagrammes et procéder à des mesures de puissance.

Tout ce matériel peut être construit à l'école par les élèves.

PROGRAMME.

PRINCIPES DE MÉCANIQUE GÉNÉRALE.

Notions préliminaires.

Corps au repos ; corps en mouvement. Exemples. — Mouvement de translation ; mouvement de rotation.

Principe de l'inertie ; le déduire de faits d'observation.

Notion de force. — Forces motrices. — Résistance à l'action des forces. — Idée des résistances de frottement.

Obstacle à l'action d'une force ; réaction. — Principe de l'égalité de l'action et de la réaction.

Objet de la mécanique.

Éléments d'une force. — Comparaison et mesure des forces. — Peson à ressort ; dynamomètre de Poncelet. — Graduation des dynamomètres. — Représentation graphique d'une force.

Expliquer qu'on peut transporter le point d'application d'une force agissant sur un corps en un point quelconque de sa direction sans modifier l'effet de cette force.

Résultante de plusieurs forces.

Composition et décomposition des forces.

----

a. *Forces de même direction appliquées au même point d'un corps.*

Forces de même direction et de même sens. Exemples. — Résultante.

Forces de même direction et de sens opposé. Exemples. — Résultante.

b. *Forces concourantes.*

Exemples de forces concourantes. — Composition de deux forces concourantes. — Direction et intensité de leur résultante; démonstration expérimentale. — Résultante de plus de deux forces concourantes appliquées au même point. — Détermination, par une construction graphique, de la direction et de l'intensité de la résultante de deux ou de plus de deux forces concourantes. Applications. — Équilibre de forces concourantes.

Montrer ce que devient la résultante de deux forces concourantes quand on fait varier l'angle que forment ces deux forces.

Moyen de remplacer une force par plusieurs autres appliquées au même point, mais de directions différentes. Applications.

c. *Forces parallèles.*

Exemples de forces parallèles. — Résultante de deux forces parallèles et de même sens; démonstration expérimentale. — Détermination par le calcul et par une construction graphique [1] de l'intensité et du point d'application de la résultante de deux forces parallèles et de même sens. Applications. — Résultante de plus de deux forces parallèles et de même sens.

Moyen de remplacer une force par plusieurs autres parallèles et de même sens.

Résultante de deux forces parallèles et de sens opposés. — Détermination, par le calcul et par une construction graphique, de l'intensité et du point d'application de la résultante de deux forces parallèles et de sens opposés.

Ce qu'on entend par couple.

----

[1] On pourra appliquer les méthodes de la statistique graphique en admettant les constructions et les résultats relatifs au polygone des forces et au polygone funiculaire.

Résultante de plus de deux forces parallèles agissant les unes dans un sens, et les autres dans un sens opposé.

Équilibre de ces forces.

Moment des forces.

Effet d'une force agissant sur un corps pouvant tourner autour d'un point ou d'un axe. — Bras de levier de la force. — Montrer expérimentalement que cet effet est proportionnel : 1° au bras de levier de la force; 2° à l'intensité de cette force. — Moment d'une force par rapport à un point. — Sens de l'action d'un moment.

Application des moments à l'équilibre d'un levier.

Quand plusieurs forces concourantes, que nous supposerons situées dans un même plan, agissent à l'une des extrémités d'un levier pouvant osciller dans ce plan, l'effet produit par ces forces est égal à l'effet produit par leur résultante. En d'autres termes, la somme algébrique des moments de ces forces par rapport à un point du plan est égale au moment de leur résultante par rapport au même point. (Théorème de Varignon.)

Lorsque plusieurs forces parallèles sont situées dans un même plan, la somme algébrique de leurs moments par rapport à un point du plan est égale au moment de leur résultante par rapport à ce même point.

Pesantour, centre de gravité. — Équilibre des corps solides sous l'action de la pesanteur.

Pesanteur. — Point d'application de la force de la pesanteur. — Centre de gravité.

Détermination géométrique du centre de gravité : 1° de quelques figures planes pesantes; 2° de quelques solides géométriques homogènes.

Détermination expérimentale du centre de gravité d'un solide quelconque.

Équilibre, sous l'action de la pesanteur seule, d'un solide suspendu en un de ses points. — Condition d'équilibre. — Équilibre stable, instable, indifférent. Exemples :

Application aux principaux instruments de pesée.

Équilibre d'un corps reposant sur un plan horizontal :

1° Par un ou deux points. Équilibre instable ou indifférent. Exemples.

2° Par trois points non en ligne droite. — Base de sustentation. — Conditions d'équilibre et de stabilité. — Pression sur les points d'appui. — Applications.

3° Par plus de trois points formant un polygone.

Du mouvement en général. — Travail des forces.

Définitions. — Mouvement rectiligne continu ou alternatif. — Mouvement curviligne continu ou alternatif. — Mouvement uniforme. — Mouvement varié. — Exemples de chacun de ces mouvements tirés de mécanismes que nous voyons journellement fonctionner.

Mouvement uniforme.

Vitesse dans le mouvement rectiligne uniforme. — Choix des unités. Exemples. — Lois des espaces. — Représentation graphique du mouvement uniforme. — Graphiques des trains.

Mouvement de rotation uniforme. — Axe de rotation. — Exemples : volants, poulies, roues d'engrenage. — Vitesse d'un mouvement de rotation, en nombre de tours par unité de temps. — Vitesse linéaire d'un point situé à une distance donnée de l'axe. — Vitesse angulaire. — Rapport des vitesses, en nombre de tours, de deux poulies réunies par une courroie, ou de deux roues s'entraînant par friction ou par dents d'engrenage.

Travail des forces.

Définition du travail mécanique. — Cheval tirant une voiture. — Éléments du travail d'une force : intensité, chemin parcouru par son point d'application. — Exemples de travaux effectués. — Travail développé dans un mouvement de rotation. Cheval attelé à la flèche d'un manège. Ouvrier agissant sur la manivelle d'un treuil.

Mesure du travail : unité. — Expression numérique du travail en kilogrammètres. Exemples. — Cas où le chemin parcouru et la force n'ont pas la même direction. — Représentation graphique du travail d'une force. — Travail effectué dans un temps donné. — Puissance. Unités de puissance : cheval-vapeur et poncelet.

Applications à quelques machines simples des principes de mécanique étudiés.

Ce qu'est une machine simple. Son emploi. — Forces appliquées aux machines simples : puissance, résistance. — Prendre le levier comme exemple.

Machine simple à l'état de repos. — Condition d'équilibre. — Machine simple à l'état de mouvement uniforme. — Chemins parcourus par les points d'application de la puissance et de la résistance. — On insistera sur ce principe: *Ce qu'on gagne en force on le perd en chemin parcouru.* — Travail moteur. — Travail résistant. — Le travail moteur dépensé est égal au travail résistant. — Une machine ne peut rendre plus qu'on ne

lui fournit ; elle ne crée rien. — Impossibilité du mouvement perpétuel.
— Travail utile. — Rendement.

Décrire les quelques machines simples suivantes, et, pour chacune
d'elles, donner la condition d'équilibre, et montrer la transmission du
travail en la supposant animée d'un mouvement uniforme.

Levier. — Trois genres de leviers. — Poinçonneuse à levier. —
Chèvre pour soulever les voitures.

Poulie fixe. — Poulie mobile. — Moufle. — Palan. — Applications.

On négligera les résistances de frottement.

Mouvement varié.

Exemples de mouvements variés. — Vitesse à un moment donné
d'un mobile animé d'un mouvement varié. — Vitesse moyenne.

Mouvement uniformément varié.

a. *Mouvement uniformément accéléré.* Exemples.

Vitesse. — Accélération. — Loi des vitesses. — Loi des espaces. —
Formules.

Vérifier ces lois au moyen de la machine d'Atwood.

Représentation graphique du mouvement uniformément accéléré.

b. *Mouvement uniformément retardé.* Exemples.

Formules et représentation graphique.

Chute des corps [1].

La pesanteur est une force constante qui, agissant sur un corps libre
de se mouvoir, lui communique un mouvement uniformément accéléré.
— Le contrôler avec l'appareil du général Morin. — Valeur de l'accélération.

Corps lancé verticalement de bas en haut.

Montrer avec la machine d'Atwood que l'accélération est proportionnelle à la force constante qui agit sur le mobile.

Proportionnalité entre les poids d'un même corps, en différents points
de la terre, et les accélérations que lui communique la pesanteur. —
Masse d'un corps. — Expliquer pourquoi les corps tombent également
vite dans le vide.

Principe de la conservation du travail.

Travail communiqué à un corps sur lequel agit une force constante ;
expression de ce travail en fonction de la force et du chemin parcouru.

[1] On fera abstraction de la résistance de l'air.

— Ce que devient ce travail quand la force n'a que l'inertie à vaincre. —
Tout corps en mouvement possède du travail emmagasiné. Exemples.
— Expression de ce travail en fonction de la masse du corps et de sa
vitesse. — Puissance vive. — Force vive. — Applications : Marteau
frappant le fer; sonnette à enfoncer les pieux; projectile lancé contre un
corps résistant.

Force centrifuge.

Faits d'observation. Expériences. — Force centripète et force centrifuge. — Expression de la force centrifuge.

Applications industrielles de la force centrifuge : essoreuse, pompe
rotative, ventilateur, modérateur de Watt.

Effets dus à la force centrifuge : position d'un cheval galopant sur
une piste circulaire; renversement d'une voiture qui tourne avec une
vitesse trop grande. — Nécessité d'incliner, dans les parties courbes, la
voie d'une ligne de chemin de fer, d'équilibrer une roue animée d'un
mouvement rapide de rotation, etc.

Accidents dus à la force centrifuge.

Puissance vive emmagasinée dans un corps animé d'un mouvement de
rotation, d'un volant par exemple.

Emploi des volants dans la régularisation de la marche des machines.

Pendule simple et pendule composé.

Ce qu'est un pendule simple. — Oscillations sous l'action de la pesanteur. — Isochronisme des oscillations. — Durée de l'oscillation en fonction de la longueur du pendule.

Pendule composé. — Application du pendule à la mesure du temps.
--- Horloges.

Mouvements composés.

Principe de l'indépendance des mouvements simultanés. — Exemples.
--- Composition de deux mouvements rectilignes et uniformes. Vitesse
résultante du mobile considéré.

Composition d'un mouvement rectiligne et uniforme et d'un mouvement uniformément accéléré. — Trajectoire d'un projectile lancé horizontalement.

Résistances passives à l'action des forces.

Montrer par des exemples ce que sont les résistances passives, les
expliquer. — Différentes sortes de résistances passives.

a. *Frottement ou résistance au glissement.* — Énoncé et démonstration expérimentale des lois du frottement. A défaut de l'appareil de Coulomb, on fera glisser sur un marbre, par l'intermédiaire d'un peson à ressort, un bloc de fonte dont les faces, également rabotées, auront des étendues différentes.

Diminution de la résistance de frottement par le polissage des surfaces en contact et par les lubrifiants.

Coefficients de frottement. — Principaux coefficients de frottement. — Applications diverses du frottement. — Effets nuisibles. — Effets utiles. Frein. — Point d'appui dû à la résistance au frottement pendant la marche. — Marche sur une surface glissante.

Travail absorbé par le frottement.

Frottement des tourillons sur leurs coussinets. — Travail absorbé.

b. *Frottement de roulement.* — Résistance au roulement. — Énoncé et démonstration expérimentale de la résistance au roulement.

Applications : Transport de fardeaux sur rouleaux ; paliers à billes; roues des voitures.

Mouvements usuels, étude de quelques mécanismes et machines simples.

Principaux mouvements employés dans l'industrie. — Exemples.

Transformation d'un mouvement en un autre. — Diverses combinaisons. — Dans une machine, on distingue le récepteur, l'opérateur ou l'outil, et les mécanismes de transformation de mouvement.

Mécanismes produisant les transformations de mouvements :

I. *Rectiligne continu en rectiligne continu.*

Poulie fixe, poulie mobile, moufle, palan, palan différentiel. — On se contentera de rappeler les quelques mécanismes déjà étudiés.

Plan incliné. Coin, clavette.

II. *Circulaire continu en circulaire continu.*

a. Poulies et courroie. — Longueur de la courroie. — Poulie menante, Poulie menée. — Rapport de leurs vitesses en nombre de tours. — Applications.

1° Poulies et courroie pour arbres parallèles. — Équipage de poulies. — Rapport des vitesses de la poulie menante et de la poulie menée.

2° Poulies et courroie pour arbres non parallèles. — Condition de stabilité de la courroie sur les poulies. — Arbres placés à angle droit. —

5.

Arbres dans une position quelconque l'un par rapport à l'autre. Poulies-guides.

b. Roues de friction. — Rapport des vitesses. — Roues cylindriques de friction. — Applications.

Cônes de friction. — Essoreuses.

Avantages et inconvénients des roues de friction.

c. Roues dentées. — Pas. — Notation diamétrale. — Rapport des vitesses. — Sens du mouvement de rotation. — Emploi d'une roue intermédiaire.

Roues cylindriques. — Roues coniques [1].

Équipages ou trains de roues dentées. — Rapport des vitesses de la roue menante et de la roue menée. — Applications. — Treuil à engrenages; condition d'équilibre. — Rapport des chemins parcourus.

Roues et vis sans fin. — Rapport des vitesses. — Emploi de la vis sans fin. Compteurs de tours.

III. *Circulaire continu en rectiligne continu.*

Crémaillère et pignons dentés. — Cric. — Rapport des chemins parcourus par le bouton de la manivelle et la tête de la crémaillère.

Vis et écrou. — Rapport des vitesses. — Presse à vis ; vérin. — Calcul de la pression.

Vis différentielle de Prony. — Rapport des vitesses ; vis à pas contraires.

IV. *Circulaire continu en rectiligne alternatif.*

Bielle et manivelle. — Représentation graphique de la loi des espaces parcourus par l'extrémité de la bielle. — Application aux pompes.

Excentrique circulaire à collier.

Manivelle à coulisse.

Cames. — Tige guidée et galets. — Tracé général des cames. — Étant donnée la courbe des espaces que doit parcourir le galet, déterminer le profil de la came qui doit entretenir ce mouvement. — Faire le tracé réciproque.

Came en cœur. — Came Morin. — Cames à chute. — Applications des cames.

V. *Rectiligne alternatif en circulaire continu.*

Piston d'un moteur commandant un système bielle et manivelle. — Point mort. — Volant.

[1] L'étude du tracé des dents se fera en dessin.

MÉCANIQUE APPLIQUÉE.

Résistance des matériaux.

Déformation d'un corps sous l'action d'une force. — Limite d'élasticité.

Le professeur se bornera à définir les principales sortes de déformations, et il montrera par quelques exemples, sur des cas simples, et par l'emploi de formules pratiques, comment on peut déterminer les dimensions d'une pièce capable de résister à un effort donné.

Moteurs.

---

a. *Moteurs animés.*

Repos nécessaire aux moteurs animés. — Travail que peut fournir l'homme par jour suivant son mode d'action.

Travail des animaux de trait. — Divers modes d'action. Manège, charrois, etc. — Quantité de travail qu'ils peuvent fournir.

b. *Moteurs hydrauliques.*

Chutes d'eau naturelles. — Établissement d'une chute artificielle sur un cours d'eau.

Puissance d'une chute d'eau.

Description sommaire d'une roue à aubes, de la roue à augets et d'une turbine. — Rendement d'un moteur hydraulique.

c. *Machines à vapeur.*

Description d'un générateur à vapeur. — Appareils de sûreté.

Description d'une machine à vapeur à distribution par tiroir. — Action de la vapeur sur le piston. — Travail de la vapeur. — Condenseur.

Description succincte d'une turbine à vapeur.

Indépendamment de ces notions générales de mécanique données à tous les élèves de 3ᵉ année, les élèves mécaniciens, pendant le temps prévu à l'horaire pour l'étude de spécialités, recevront encore des leçons supplémentaires de mécanique appliquée portant principalement sur la résistance des matériaux et, suivant les besoins industriels de la région, soit sur les moteurs hydrauliques, soit sur les moteurs à vapeur ou les moteurs à gaz, soit sur les moteurs à essence et les principaux mécanismes qu'on trouve dans les automobiles.

NOTIONS D'ÉLECTRICITÉ INDUSTRIELLE.

HORAIRE.

3ᵉ année........ 1 leçon d'une heure 1/2 par semaine.

INSTRUCTIONS PÉDAGOGIQUES.

Dans ces leçons d'électricité, le professeur s'en tiendra aux lois fondamentales, aux principes les plus importants et à leurs applications les plus courantes. Il s'attachera, par des expériences judicieusement choisies, à mettre le phénomène en évidence, et il l'expliquera ensuite aussi simplement que possible, en s'aidant, toutes les fois qu'il en aura l'occasion, de comparaisons et d'analogies. Il précisera toujours, par des exercices numériques, les formules qu'il aura fait connaître.

Il laissera de côté les longues théories et tout ce qui n'est pas indispensable au monteur électricien. L'important sera d'amener les élèves à comprendre, dans l'ensemble, la constitution d'une machine électrique et des principaux appareils en usage, et à se rendre compte de leur fonctionnement.

PROGRAMME.

Préliminaires.

L'énergie et ses transformations. — Formes de l'énergie. — Montrer expérimentalement les transformations de l'énergie. — Dégradation de l'énergie.

Courant électrique.

Hypothèse du fluide électrique. — Expliquer sur un élément de pile ce qu'est le courant électrique. — Circuit électrique.

Comparer le courant électrique au courant d'un liquide. — Débit électrique; Coulomb. — Intensité du courant électrique; Ampère.

Force électromotrice d'un générateur de courant électrique et différence de potentiel entre deux points d'un circuit électrique; Volt.

Corps conducteurs de l'électricité; corps mauvais conducteurs. — Résistance spécifique ou résistivité; Ohm. — Évaluation en ohms de la résistance d'un conducteur.

Loi d'Ohm; vérification expérimentale.

Quelques mots sur les courants dérivés.

Rappel de quelques principes de mécanique.
Puissance d'un courant électrique.

Travail mécanique, — Unité de travail; kilogrammètre.

Puissance d'une machine; unités de puissance. — Unités modernes de travail et de puissance ; joule, watt et kilowatt.

Unités de chaleur; grande et petite calorie.

Équivalent mécanique de la chaleur.

Multiples et sous-multiples des unités.

Unités de travail dérivées des unités de puissance.

Travail produit par un courant électrique. — Comparaison hydraulique. — Quantité de chaleur développée dans un conducteur. — Loi de Joule. — Perte de charge ou chute de potentiel dans les conducteurs. — Perte de charge dans les différentes parties du circuit électrique comprenant des appareils d'utilisation. — Comparaison hydraulique.

Montage des résistances ou des récepteurs : 1° en dérivation ou en parallèle; 2° en série ou en tension. — Montage mixte.

Générateurs chimiques d'énergie électrique.
Piles hydro-électriques.

Pile simple. — Composition d'un élément. — Ce qui se passe dans une pile en fonctionnement. — Emploi du zinc amalgamé. — Transformation de l'énergie chimique en énergie électrique. — Polarisation des électrodes et affaiblissement du courant.

Piles à dépolarisant. — Action du dépolarisant. — Piles à deux liquides de Daniell et de Bunsen. — Pile au bichromate. — Pile à dépolarisant solide de Leclanché.

Force électromotrice et débit des piles. — De quoi dépend la force électromotrice d'une pile. — Résistance intérieure d'un élément.

Couplage des éléments de pile. — Couplage en tension ou en série. — Couplage en quantité ou en parallèle. — Couplage mixte. — Calcul de l'intensité du courant pour chacun de ces couplages et vérification expérimentale. — Choix du couplage à adopter suivant le cas.

Quelques mots sur le montage et l'entretien des piles.

Action chimique des courants électriques.
Électrochimie.

Électrolyse de l'eau, des sels. — Loi de Faraday.

Différence de potentiel nécessaire pour produire une électrolyse. — Force électromotrice de polarisation.

Galvanoplastie. — Confection des moules. — Moules en gutta. — Métallisation des moules. — Disposition des appareils. — Intensité du courant nécessaire. — Démoulage et achèvement des pièces.

Électrotypie. — Moules en gutta.

Dorure et argenture. — Préparation des objets à dorer ou à argenter. — Amalgamation. — Préparation des bains. — Conduite de l'opération et finissage des objets.

Nickelage. — Préparation des objets et du bain.

Accumulateurs électriques.

Principe des accumulateurs. — Accumulateur Planté. — Formation des plaques. — Électrodes à matière active rapportée. — Charge des accumulateurs ; variation de la force électromotrice. — Intensité approximative du courant de charge et du courant de décharge. — Indices de la fin de la charge et de la fin de la décharge.

Constantes des accumulateurs. — Capacité utilisable ; rendement en quantité. — Énergie disponible ; rendement en énergie.

Quelques types d'accumulateurs. — Décrire sommairement quelques types choisis parmi les plus récents et les plus employés.

Couplage des éléments d'accumulateurs.

Entretien d'une batterie d'accumulateurs. — Usage des accumulateurs.

Aimants permanents.

Aimants naturels et aimants artificiels. — Propriétés générales des aimants. — Spectre magnétique : lignes de force. — Champ magnétique.

Flux de force. — Circuit magnétique. — Induction magnétique.

Aimantation par influence. — Perméabilité des métaux magnétiques aux lignes de force. — Action attractive des pôles d'aimant sur le fer. — Action d'un aimant sur un aimant.

Magnétisme rémanent. — Aimantation d'un barreau d'acier.

Quelques mots sur la confection des aimants. — Conservation des aimants.

Champ magnétique terrestre. — Action directrice de ce champ sur une aiguille aimantée. — Déclinaison et inclinaison. — Boussoles usuelles.

Champ magnétique produit par les courants.
Électro-aimant.

Champ magnétique produit par un courant. — Courant rectiligne. — Spectre. — Sens des lignes de forces. — Règle du tire-bouchon ou de Maxwell. — Expérience d'Œrstedt. — Règle d'Ampère.

Action mécanique des courants rectilignes sur les courants rectilignes. — Expliquer cette action par les propriétés des lignes de force.

Solénoïdes. — Champ produit par les spires d'une bobine. — Spectre. — Action d'un solénoïde sur un solénoïde, d'un solénoïde sur un aimant et réciproquement. — Solénoïde annulaire.

Flux magnétique dans un solénoïde. Unité de flux. — Force magnéto-motrice: formule. Unité de force magnétomotrice. — Ampères-tours. — Circuit magnétique. — Résistance magnétique ou réluctance. Unité de réluctance. — Application de la loi d'Ohm à l'entretien du flux dans un circuit magnétique. — Calcul du flux dans un solénoïde annulaire.

Électro-aimant. — Introduction d'un barreau de fer doux dans un solénoïde. Augmentation du flux. — Coefficient de perméabilité. — Variation de ce coefficient avec l'induction. — Tableau de quelques coefficients de perméabilité se rapportant au fer, à l'acier et à la fonte. — Électro-aimant. — Circuit magnétique dans un électro en fer à cheval pourvu de son armature. — Calcul du nombre d'ampères-tours capables d'entretenir un flux donné dans un électro pourvu de son armature.

Donner la formule de la force portante des électro-aimants.

Action d'une bobine tubulaire sur une barre de fer. Noyau plongeur.

Quelques applications des électro-aimants.

Notions de télégraphie.

Sonnerie électrique. Description et fonctionnement. — Bouton d'appel. — Exemples d'installation de sonneries. — Tableau indicateur.

Renseignements pratiques sur l'installation des sonneries électriques.
Manœuvre à distance des signaux dans les chemins de fer.
Fixation des outils de perçage sur les pièces de fer.
Trieurs et embrayeurs électromagnétiques.

Notions sur les ampèremètres et voltmètres industriels.

Boîtes de résistances. — Principe des galvanomètres. Graduation. — Ampèremètres et voltmètres. — Décrire sommairement un ou deux types de ces appareils choisis parmi les plus courants.
Disposition de l'ampèremètre et du voltmètre sur les conducteurs.

Production de courants par les champs magnétiques. Induction électromagnétique.

Montrer expérimentalement que, lorsqu'une boucle ou un cadre se déplace dans un champ magnétique, il s'y développe une force électromotrice dite d'« induction électromagnétique ». — Courant qui en résulte. — Sens de ce courant. — Loi de Lenz. — Règle du tire-bouchon. — Expression de la valeur de la force électromotrice moyenne.
Transformation de l'énergie mécanique en énergie électrique.
Moyen de faire varier le flux qui traverse une spire ou un cadre.
Bobine de Ruhmkorff.
Courants de Foucault. — Production de ces courants. — Mettre en évidence la loi de Lenz en se servant de l'appareil de Foucault. — Échauffement du disque.

Générateurs mécaniques d'énergie électrique. Dynamos.

Principe de ces générateurs. (Prendre comme exemple une dynamo bipolaire). — Production du champ : inducteur. — Magnétos et dynamos. — Organe mobile portant les spires : induit. — Circuit magnétique. Entrefer. — Champ dans l'entrefer. — Ligne neutre. Induit Gramme. — Noyau et disposition des spires sur le noyau. Sens et variation de la force électromotrice dans une spire ou groupe de spires (bobine) se déplaçant dans le champ magnétique. — Courant alternatif produit. — Courbe de la force électromotrice alternative.
Faire observer que les spires de chaque côté de la ligne neutre sont parcourues par un courant de même sens et que les deux moitiés sont en opposition.

Captage du courant. — Collecteur et balais. — Liaison des bobines entre elles et aux lames du collecteur.

Force électromotrice dans l'induit Gramme et différence du potentiel aux bornes de la machine.

Dire sans le démontrer que, dans une machine en fonctionnement, la ligne neutre s'incline dans le sens du mouvement. — Calage des balais.

Description sommaire d'un induit en tambour.

Auto-excitation de l'inducteur. — Excitation en série. — Excitation en dérivation. — Excitation mixte.

Description sommaire de la dynamo de l'école.

Mise en marche et conduite d'une dynamo.

Application des courants continus à l'éclairage.
Lampes à arc.

Arc voltaïque. — Projeter l'arc sur un écran au moyen d'une lentille, ou au plafond par l'intermédiaire d'un miroir plan. — Température des charbons et de l'arc. — Intensité lumineuse; watts par bougie. — Chute de tension dans l'arc.

Régulateur. Principe.

Description sommaire d'un régulateur. — Montage des régulateurs.

Lampes à incandescence.

Ce qu'est une lampe à incandescence. — Voltage aux bornes. — Intensité lumineuse des lampes à incandescence; watts par bougie. — Montage des lampes à incandescence.

Appareillage. — Coupe-circuit; interrupteurs; commutateurs...

Quelques mots sur une installation simple d'éclairage par lampes à arc et lampes à incandescence.

Prix de l'éclairage électrique.

Moteurs électriques à courant continu ou électromoteurs.

Réversibilité des dynamos. — Force contre-électromotrice de l'électro-moteur en mouvement. — Montrer que la vitesse du moteur varie avec la charge. — Intensité du courant d'alimentation.

Excitation des électromoteurs. — Sens du mouvement.

Essai d'un moteur au frein de Prony. — Rendement.

Quelques applications des électromoteurs.

Applications diverses.

Chauffage domestique. — Principe. — Description d'un radiateur.
Four électrique de Moissan. — Fabrication du carbure de calcium.
Soudure électrique.
Quelques mots sur la fabrication de l'aluminium.

Simple aperçu sur les courants alternatifs.

Montrer, au moyen de l'anneau de Delezenne et d'un voltmètre apériodique, la production d'un courant alternatif. Courbe sinusoïdale de ce courant. — Effets des courants alternatifs. — Dire ce qu'on entend par intensité efficace, force électromotrice efficace d'un courant alternatif.

Exposer en quelques mots le principe des alternateurs.

Courants polyphasés. — Appareil hydraulique servant à donner une idée des courants triphasés.

Champ tournant. — Produire un champ tournant au moyen de deux aimants droits qu'on approche ou qu'on éloigne, suivant deux directions à angle droit, d'une aiguille aimantée mobile, en retournant chaque fois chacun de ces deux aimants. — Champ tournant produit par des courants triphasés. — Action du champ tournant sur une masse métallique mobile dans ce champ.

Principe des moteurs à champ tournant. — Inducteur; induit.

Quelques mots sur les transformateurs. — Idée du transport de force à distance par l'emploi des transformateurs.

Application des courants triphasés à l'éclairage et au fonctionnement des moteurs. — Montage des récepteurs en étoile, en triangle.

Principe de la téléphonie.

Téléphone. — Téléphone Bell. — Transmetteur à pile. — Microphone. Addition d'une bobine d'induction. — Installation d'un poste téléphonique.

DESSIN.

INSTRUCTIONS PÉDAGOGIQUES.

Pendant la période de roulement dans les différents ateliers, c'est-à-dire pendant les cinq premiers mois de la première année, alors que les élèves ne sont pas encore spécialisés, le dessin ne peut avoir qu'un caractère général et éducatif et ne doit guère comporter que du dessin à main levée et à vue; car, avant tout, il est nécessaire de procéder à des exercices d'assouplissement de la main et d'habituer les élèves à observer et à voir juste. Cette éducation de l'œil et de la main est de la plus haute importance. Mais, après spécialisation des élèves aux ateliers, le dessin enseigné est toujours en rapport avec la profession choisie.

Pour la plupart des professions, celles de mécanicien, tourneur, menuisier, par exemple, le dessin géométrique est presque uniquement nécessaire, tandis que quelques spécialités, comme le tissage, la sculpture,... exigent d'assez sérieuses connaissances artistiques.

Par suite, à partir du milieu de la première année s'opère une première spécialisation en dessin: les élèves des premières professions ci-dessus énumérées commencent le dessin géométrique, alors que ceux des professions artistiques continuent le dessin à vue. Plus tard, et au fur et à mesure que les études et exercices techniques convergent de plus en plus vers une profession déterminée, d'autres spécialisations en dessin se produisent encore.

Dessin à main levée et à vue. — Les élèves dessinent d'abord d'après des modèles à deux dimensions, ensuite d'après le relief. Le professeur fait une leçon collective de quinze minutes environ, en s'aidant soit d'un modèle mural ou mieux d'un croquis qu'il trace sur le tableau noir en même temps qu'il donne ses explications, soit d'un objet simple ou d'un plâtre facile. Après le dessin des grandes lignes, les élèves reproduisent l'ébauche à la mine de plomb sur leur feuille pendant que le maître, passant près d'eux, corrige rapidement les plus grosses défectuosités et donne des conseils individuels. Ce travail fait, maître et élèves s'occupent des détails et achèvent le dessin.

Un même modèle peut prendre deux leçons. La plupart des modèles dessinés sont ensuite reproduits de mémoire à la leçon suivante.

Après un mois ou deux de ce dessin à main levée, on exerce encore les élèves à trouver eux-mêmes des combinaisons de lignes d'après un schéma que le professeur trace au tableau.

Dessin géométrique. — Le dessin de l'ouvrier mécanicien, tourneur, menuisier,... est tout particulièrement le croquis. Il est donc nécessaire d'amener ceux de nos élèves qui ont choisi ces professions à pouvoir habilement relever et coter le croquis d'une pièce, de façon qu'avec ce croquis seul ils puissent exécuter une pièce identique. Il ne faut pas oublier, d'autre part, que le dessin à la règle et au compas est également indispensable, étant donné que l'ouvrier et le chef d'équipe ont souvent à exécuter des tracés soit sur le métal, soit sur le bois, — le contremaître, à faire quelques petites études d'appareillage ou d'équipement de machines, en vue, par exemple, de la fabrication mécanique de pièces en série, et parce que maints petits ateliers n'ont pas de dessinateur de profession. Le dessin avec instruments habitue en outre les élèves à la précision.

PROGRAMME.

PREMIÈRE ANNÉE. — PREMIER SEMESTRE.

Dessin à main levée.

Le programme à suivre pendant le premier semestre comprend principalement :

1° Tracé de lignes horizontales, de lignes verticales; division de ces lignes en parties égales. — Tracé de lignes de longueur donnée, de longueurs dans un rapport simple donné.

2° Reproduction et évaluation des angles.

3° Tracé du carré; diagonales, lignes de partage. — Carrés à l'intérieur d'un carré. — Figures ornementales géométriques inscrites dans un carré.

4° Rectangles; évaluation du rapport des côtés. — Triangles et losanges. — Application de ces figures géométriques à des ornements simples.

5° Tracé de la circonférence; circonférences concentriques. — Polygones réguliers inscrits. — Polygones étoilés. — Rosaces et ornements divers dans un cercle.

6° Tracé de l'ellipse, de spirales. — Application de la spirale dans les enroulements.

7° Quelques courbes empruntées au règne végétal; applications ornementales.

8° Notions de perspective d'observation. — Montrer que les objets nous apparaissent déformés; principales lois de cette déformation ou règles pratiques de la perspective d'observation. — Perspective de surfaces, de solides géométriques représentés par leurs côtés ou arêtes en fil de fer. — Mise en perspective : 1° de modèles en relief très simples représentant des objets courants, des ornements plans d'un faible relief; 2° de quelques plâtres à grandes surfaces. — Ombre.

Comme il vient d'être dit dans les instructions pédagogiques, à partir du milieu de la première année s'opère une première spécialisation en dessin [1] : certains élèves s'occupent de dessin géométrique, tandis que les autres continuent le dessin à vue.

I. DESSIN GÉOMÉTRIQUE INDUSTRIEL.

PREMIÈRE ANNÉE. — DEUXIÈME SEMESTRE.

1° Principales constructions de géométrie plane et applications : rosaces, parquetage, carrelage, etc. — Emploi de teintes plates. — Raccordements. Tracé de moulures, de l'anse de panier, de l'ovale, de l'arc rampant.

2° Représentation géométrale des solides, ou dessin de convention. — Projections du point, de la droite, d'une surface et de quelques solides géométriques. — Lignes de force.

3° Plan, élévation, profils et coupe d'objets simples usuels; cotes: teintes conventionnelles.

Pour les constructions, le professeur procède comme pour le dessin à main levée c'est-à-dire en s'aidant de dessins muraux qu'il explique, ou mieux en traçant, séance tenante, le croquis au tableau noir; puis

---

[1] Dans le cas où l'école aurait une année préparatoire, le dessin à main levée s'enseignerait pendant cette année préparatoire, et, dès le commencement de la première année, les élèves se spécialiseraient en dessin en même temps qu'aux ateliers.

les élèves relèvent sur un cahier spécial les éléments de la planche à
exécuter ainsi qu'un résumé dicté des explications, et c'est d'après ce
croquis qu'ils exécutent le dessin à la règle et au compas.

DEUXIÈME ANNÉE.

En deuxième année, pendant les cinq ou six premières semaines, les
élèves font encore en commun un peu de *dessin de bâtiment* (*plan, élévation, coupes et principaux détails*) sur un exemple de construction très
simple.

Ensuite s'opère une nouvelle spécialisation. Les élèves sont divisés en
deux groupes, quelquefois en trois, si la diversité des professions enseignées l'exige. On n'en considérera que deux :

A. Élèves forgerons, ajusteurs, tourneurs, modeleurs pour fonderie.

DEUXIÈME ANNÉE (suite).

1° Tracé de quelques courbes usuelles : parabole; hélice; vis, boulons et écrous.

Profils de fers du commerce; assemblages de tôles.

2° Croquis coté et mise au net de quelques pièces simples.

3° Croquis coté des principaux organes de machines de la liste suivante : arbre, manchon d'accouplement, poulie, palier, chaise, crapau-
dine, manivelle, bielle, excentrique, piston et crosse, boîte à clapet,
robinet de prise de vapeur, etc., mise au net de quelques-uns.

Le professeur décrit la pièce ou l'organe, en explique le fonctionnement, dicte aux élèves un cours sommaire ou légende, et donne au besoin
quelques formules servant, dans la pratique, à en déterminer les dimensions principales; après quoi, les élèves, répartis en groupes, relèvent
sur un carnet spécial le croquis, qu'ils cotent ensuite, du modèle remis
à chaque groupe.

Pour les deux ou trois premiers exercices, le professeur trace lui-
même le croquis au tableau, afin de montrer aux élèves la manière de
s'y prendre et de leur faire voir l'ordre rationnel dans lequel les cotes
doivent être relevées. La mise au net se fait ensuite, après enlèvement du
modèle, à l'aide du croquis seul.

Comme les élèves ne sont pas d'égale force, au lieu d'un même
modèle en plusieurs exemplaires identiques, on se procure des types de

complexité différente d'un même organe, par exemple d'un palier, dont les plus difficiles sont remis aux plus habiles.

De temps en temps, on exerce les élèves à la lecture en commun de dessins industriels établis à une grande échelle, avec l'aide de la pièce représentée.

TROISIÈME ANNÉE.

1° Dessin d'une charpente simple en fer.

2° Tracé de quelques courbes usitées en mécanique : cycloïde, épi-cycloïde, hypocycloïde, développante de cercle.

3° Tracé de cames et roues d'engrenages.

4° Quelques épures simples de descriptive relatives principalement à la chaudronnerie.

5° Croquis de toutes les pièces d'une machine-outil. — Croquis sché-matique de l'ensemble. — Dessins arrêtés au crayon, sans trait de force, de quelques-unes de ces pièces. — Calques et bleus.

6° Au fur et à mesure des besoins : dessins industriels, au crayon et sans trait de force, calques et bleus, de pièces à exécuter aux ateliers. — Autant que possible, ces dessins sont établis grandeur d'exécution.

B. Élèves menuisiers, ébénistes.

DEUXIÈME ANNÉE (suite).

1° Tracé de la parabole et de l'hélice; vis et écrous.

2° Étude, d'après des modèles en relief, des principaux assemblages employés en menuiserie. — Croquis et dessin de ces assemblages dont quelques-uns sont, en outre, représentés en perspective cavalière.

3° Étude et tracé des moulures.

4° Croquis et dessin (plan, élévation et coupes) à une échelle donnée d'objets usuels tels que : tabouret, table, porte, croisée, persienne, meuble simple, avec détails d'assemblages.

TROISIÈME ANNÉE (suite).

1° Raccords de moulures; frontons.

2° Quelques notions d'architecture.

3° Étude de composition d'un meuble avec détails d'exécution.

4° Étude et tracé d'appareils de menuiserie tels que : trémie, arêtier, marchepied, escaliers, limon.

5° Parties de charpente et de menuiserie d'un bâtiment.

6° Dessins industriels arrêtés au crayon, calques et bleus, des principaux travaux exécutés aux ateliers. — Établissement d'un devis.

Indépendamment de ces exercices de dessin, les élèves font aux ateliers les croquis de leurs exercices, et, suivant leur profession, des tracés sur planchette, sur règle, ou des épures sur plancher.

II. DESSIN APPLIQUÉ AUX INDUSTRIES D'ART.

Nous n'avons aucunement la prétention, dans nos écoles pratiques, de faire des artistes qui composent et qui créent, mais simplement des dessinateurs industriels capables d'interpréter des esquisses en les appropriant aux applications qu'ils ont à faire : c'est-à-dire, à cause des nécessités techniques, de les simplifier souvent et de les modifier presque toujours, sans altérer le caractère de la composition ni des éléments décoratifs qui y entrent.

Ce travail de préparation par le dessinateur technique exige donc, de sa part, du goût et de l'habileté, la possession d'éléments décoratifs et la connaissance des principales lois de la décoration.

PREMIÈRE ANNÉE. — DEUXIÈME SEMESTRE.

Continuation du dessin à vue. — Pendant ce deuxième semestre, les élèves des industries d'art continuent l'étude du dessin d'ornement d'après des modèles en plâtre représentant des moulures, denticules, oves, rais de cœur, perles, grecques et méandres, culots, rosaces, palmettes, etc.

Ils alternent ce dessin à vue avec des exercices de combinaisons de lignes et de figures géométriques qui font suite à ceux du premier semestre.

DEUXIÈME ANNÉE. — PREMIER SEMESTRE.

Étude de la plante ornementale d'après plâtres. — Ornements divers : feuilles, fleurs, fruits, culots, rosaces, palmettes, rinceaux, chutes, etc.

DEUXIÈME ANNÉE. — DEUXIÈME ET TROISIÈME TRIMESTRES.

Notions élémentaires de composition décorative. — *Étude de la plante d'après nature.*

A ce moment, les élèves, qui ont déjà à leurs dispositions quelques éléments décoratifs géométriques et de formes empruntées au règne végétal, peuvent commencer l'étude des principales lois ornementales et s'essayer à quelques compositions décoratives.

Vers le commencement du troisième trimestre, ils étudient la plante d'après nature, en commençant par des sujets très simples. Mais comme la plante est extrêmement difficile à copier, à cause de la complexité de ses formes, de la disposition très diverse de ses organes sur la tige, le professeur la leur décrit au préalable; il l'analyse et leur en fait saisir le caractère. Puis il dicte un résumé organographique que les élèves reproduisent en légende sur leurs feuilles. Ces notions de botanique sont d'une très grande utilité, parce que, attirant l'attention des élèves sur de nombreux points de détail, elles en facilitent considérablement l'observation. Les diverses parties de la plante : tige et feuilles, calice et corolle, étamines, pistil et fruit, sont ensuite étudiées et dessinées séparément. Le professeur simplifie le travail des élèves par des schémas et constructions géométriques au tableau noir que les élèvent reproduisent également sur leurs feuilles. C'est ainsi qu'il montre, par quelques coups de craie, le port de la tige, la disposition des feuilles sur celles-ci, leur nervation avec la forme extérieure du limbe, l'inflorescence, etc.

Ce n'est qu'après cette étude préliminaire que les élèves, en groupe devant la plante, la dessinent dans son ensemble. Puis, avec cette plante entière ou partielle, comme motif de décoration, et avec, au besoin, des éléments linéaires, ils s'exercent à trouver des arrangements décoratifs qu'ils dessinent à côté.

Tous les élèves des industries d'art font les mêmes exercices; cependant les sculpteurs les alternent avec des études au crayon, d'après plâtres, de feuilles d'acanthe de diverses époques, de mascarons, de griffons, d'animaux et de groupements divers.

TROISIÈME ANNÉE.

Continuation de l'étude de la plante d'après nature. — Stylisation. — Composition décorative. — Emploi de la couleur. — Notions très élémentaires sur les styles et aperçus sur l'histoire de l'art.

En troisième année, après chaque étude de plante se place un exercice de la plus haute importance qui consiste à simplifier ou à styliser cette plante, tout en respectant son caractère dans l'ensemble et dans les détails, de façon qu'à la vue du dessin, parfois réduit à quelques coups de crayon, on la reconnaisse au premier coup d'œil, et qu'elle apparaisse par l'imagination telle que la nature la présente.

Dans cette interprétation de la plante, de même que dans l'arrangement décoratif auquel elle sert de motif, le professeur ne perd pas de

6.

vue l'application qui en sera faite : et s'il s'agit, par exemple, d'une mise
en carte pour l'ornementation d'un tissu, il doit savoir comment son
dessin pourra être rendu par l'entrecroisement des fils, dans le genre de
tissu adopté, et le préparer en conséquence, c'est-à-dire de façon à avoir
des surfaces ni trop grandes, ni trop petites, à disposer les nervures et
les lignes de démarcation des tons là où les lignes de liage peuvent ou
doivent se placer. Les nécessités techniques d'exécution l'obligent donc
souvent à modifier un peu le mouvement des feuilles et des pétales, et
aussi à choisir telle plante au lieu de telle autre comme motif de décoration.

On voit par là que le professeur de dessin, à défaut de connaissances
techniques suffisantes sur les industries d'art pour lesquelles il prépare
des dessinateurs, est obligé d'être en relations journalières avec ses collègues chargés de la technique de ces professions.

Quelques-unes des compositions sont exécutées aux ateliers par leurs
auteurs mêmes.

Les élèves de troisième année, auxquels on donne des notions sur
l'emploi de la couleur, se servent du crayon pour les dessins partiels, de
l'aquarelle et de la gouache pour le rendu des ensembles par teintes
plates.

Il est bon de répéter que leurs compositions seront toujours bien en
rapport avec le genre d'application qu'ils ont en vue, de manière que
la réalisation en soit toujours possible. L'interprétation de la plante sera
donc spéciale au genre de métier, et pour cela on divisera les élèves
par profession. On en fera par exemple deux groupes, si l'on a des tis-
seurs et des sculpteurs.

Ces derniers, comme il a déjà été dit, alternent leurs dessins floraux
avec des études, au fusain et au crayon, de plâtres plus importants de
styles divers, et reçoivent des notions d'architecture ; les premiers les
alternent aussi avec des études de papillons et d'oiseaux qui complètent
leurs éléments décoratifs.

Pendant le deuxième semestre de la troisième année, le professeur
consacre une séance par semaine à l'exposé rapide des grandes périodes
de l'histoire de l'art et à l'étude des principaux styles français. Il insiste
sur les caractères distinctifs de chacun d'eux et en dicte un résumé avec
schémas que les élèves relèvent sur un cahier spécial.

ATELIERS ET TECHNOLOGIE.

HORAIRE

1ʳᵉ année	21 h. 1/2
2ᵉ année	25 h.
3ᵉ année	30 h.

Spécialisation des élèves.

Bien que les élèves entrant à l'École pratique aient en général formulé le désir d'embrasser une profession déterminée, il convient néanmoins de ne pas les spécialiser immédiatement. Il est nécessaire, au contraire, de leur donner les moyens de s'exercer sur les principales professions enseignées à l'École, de façon à faire naître des aptitudes et à leur permettre ainsi de choisir en toute connaissance de cause la profession qu'ils désirent définitivement embrasser.

C'est pourquoi, pendant les cinq premiers mois de la première année, on les fait passer successivement aux ateliers du bois et du fer.

Dans les écoles, assez nombreuses, qui possèdent une section de tissage, il est en outre recommandé d'initier aussi les élèves aux choses fondamentales du tissage, en leur faisant connaître quelques armures courantes simples et en les leur faisant exécuter sur de petits métiers de démonstration ou même sur de simples cadres appropriés. Cet essai, quoique de courte durée, a pour effet de donner le goût du tissage à un certain nombre d'entre eux. On sait par expérience que, sans cette pratique, la section du tissage se recrute difficilement et que, lorsque vient le moment de la spécialisation, à peu près tous les élèves demandent à faire soit de la menuiserie, soit tout particulièrement du tour ou de l'ajustage.

Cette première spécialisation n'est pas la seule; plus tard, il s'en produit d'autres concernant des professions ayant entre elles une certaine analogie.

C'est ainsi qu'à l'atelier du bois, au commencement de la 3ᵉ année, des élèves continuent à faire de la menuiserie, tandis que d'autres s'occupent spécialement soit de modèlerie[1], soit d'ébénisterie: que les élèves de la forge apprennent, les uns le métier de forgeron mécanicien,

[1] Si la région où se trouve l'école avait surtout besoin de modeleurs, on spécialiserait les élèves modeleurs dès le milieu de la 2ᵉ année.

et les autres celui de serrurier; qu'à l'atelier de mécanique, certains élèves de 3ᵉ année s'adonnent plus particulièrement aux travaux de tournage.

On ne considérera ici que les professions d'un caractère général qu'on enseigne à peu près dans toutes les écoles pratiques, c'est-à-dire les professions de forgeron, d'ajusteur et de tourneur sur métaux, de menuisier et de modeleur. Pour les autres, plus spéciales, chaque école élaborera son programme qu'elle soumettra ensuite à l'approbation du Ministre.

Si l'école a une année préparatoire, la période d'essai se confondra avec cette année préparatoire, et, dans ce cas, la première spécialisation s'opérera dès le commencement de la première année d'enseignement.

INSTRUCTIONS PÉDAGOGIQUES.

Le directeur, les maîtres d'ateliers et même les professeurs de dessin et de mécanique devront bien se pénétrer de ce que doit être l'apprentissage à l'école pratique, et ne jamais perdre de vue qu'il doit y occuper la place prépondérante, puisque nos écoles ont pour but de préparer des ouvriers instruits. Ils se rendront compte aussi de la différence très grande qui existe entre l'apprentissage dans les ateliers de l'industrie, même dans le cas, assez rare aujourd'hui, où il se fait dans de bonnes conditions, et l'apprentissage à l'école. Là on ne s'occupe guère que de la partie purement manuelle du métier; ici on ajoute aux exercices d'assouplissement de la main et au maniement des machines l'étude des matières qu'on met en œuvre, la connaissance très complète de l'outillage à main, l'étude rationnelle des principales machines-outils, et tout particulièrement l'explication raisonnée des procédés de travail. On s'efforce encore, par un bon enseignement complémentaire, de développer l'intelligence des élèves, car on sait que plus un ouvrier est instruit, plus il rend de services dans sa profession et plus utilement il remplit son rôle de citoyen dans la société.

Il est incontestable que l'ouvrier formé dans l'atelier industriel peut devenir un habile praticien, susceptible d'assurer dans de bonnes conditions de production certains travaux auxquels on l'a plus spécialement préparé; mais il est certain aussi que, le plus souvent, les services qu'il peut rendre sont limités à un cycle de manipulations toujours les mêmes. Au contraire, les connaissances acquises en dessin, en mécanique, en technologie par l'ouvrier sortant de nos écoles le mettent à même d'exécuter les différents travaux réclamés par les procédés modernes de fabrication, en même temps que ses qualités d'initiative, plus développées grâce à son instruction technique, l'éloignent de la routine.

Le goût, le sentiment de la forme, l'habileté manuelle qui caractéri-

saient le bon ouvrier d'autrefois ne suffisent plus aujourd'hui. L'ouvrier
de notre époque doit posséder, en outre, de sérieuses connaissances
scientifiques et techniques que nécessite l'emploi judicieux et raisonné
des machines modernes, de plus en plus perfectionnées et compliquées.

Si l'organisation du travail permet le plus souvent l'utilisation d'ouvriers pourvus d'une instruction rudimentaire, il n'en est pas moins vrai
qu'à côté de ceux-ci l'industrie réclame d'habiles et intelligents prati-
ciens, susceptibles de préparer le travail et l'équipement des machines,
de monter ces machines, de les régler, de les entretenir, de vérifier le
travail, de monter les pièces usinées et de procéder aux essais de fonctionnement des machines terminées. Ce sont ces bons ouvriers que nos
Écoles doivent préparer.

On arrivera à ce résultat par un apprentissage sérieux, méthodique
et scientifique. Aucun procédé ne ne sera donné, aucune pratique ne sera
indiquée sans explications ou justification. On aura soin d'éloigner toute
idée de routine de l'esprit des élèves.

La première année de cet apprentissage visera à peu près exclusivement le travail à la main; la seconde comprendra en outre la pratique
des machines.

En 1ʳᵉ et 2ᵉ années, les élèves mécaniciens, pour ne considérer que
ceux-ci, exécutent un certain nombre d'exercices de lime, de tour et de
perçage se rapprochant de plus en plus des pièces qu'on façonne dans
l'industrie. Ces exercices sont classés par ordre de difficulté progressive
et choisis de manière que les élèves aient à effectuer les opérations
qui se présentent le plus souvent dans la pratique. Comme application,
les élèves, lorsqu'ils commencent à être maîtres de leur lime, confec-
tionnent quelques travaux d'ensemble, consistant principalement en
outillage, pour se rendre compte de la nécessité de la précision en vue
du montage. On exige d'abord d'eux une bonne exécution, et ce n'est
qu'insensiblement qu'on les habitue à aller vite.

Chaque élève est pourvu d'un carnet d'atelier, obligatoire d'ailleurs
dans tous les ateliers. Sur le verso de chaque feuillet, il colle un bleu
représentant la pièce à exécuter, ou bien il fait, à l'atelier même, le
croquis de cette pièce, soit d'après une pièce semblable, soit le plus
souvent d'après un dessin. Sur le recto du feuillet suivant, il relève le
résumé des instructions données par le maître tant sur les outils à employer et la manière de s'en servir, que sur l'ordre des opérations à
suivre pour conduire le travail d'une façon rationnelle. Il y fait aussi,
jour par jour et dans un tableau préparé à l'avance, le pointage des
heures passées à son travail, ce qui le stimule en le renseignant sur sa
capacité de production. La pièce achevée est examinée par le maître, qui
traduit son appréciation par deux notes inscrites au-dessous du tableau
de pointage et concernant, l'une l'exécution, l'autre le temps employé.

Sur ce même carnet d'atelier, l'élève relève encore le résumé des notions de technologie de première année, avec les croquis des outils décrits. Pour les objets un peu compliqués, ces croquis sont remplacés par des bleus collés en regard du texte.

En 3ᵉ année, les élèves entreprennent d'autres travaux d'ensemble plus importants, qui sont des appareils de démonstration, des moteurs divers et des machines-outils.

C'est surtout par ces travaux de construction mécanique qu'on initie les élèves au montage et aux tours de main d'atelier, qu'on leur fait acquérir de la méthode, qu'on les familiarise avec l'usage des machines-outils, et enfin qu'on peut les entraîner. On les partage en équipes, et chaque équipe a son travail particulier. Les travaux entrepris sont toujours de dimensions en rapport avec la force physique des apprentis, et, autant que possible, toute machine commencée au début de l'année scolaire doit être terminée à la fin de cette même année scolaire. Il est, en effet, d'un très grand intérêt que les élèves qui en ont exécuté les pièces la voient fonctionner et qu'ils puissent l'essayer.

On devra bien se pénétrer de cette vérité que, dans une école convenablement outillée, on peut parfaitement exécuter des travaux présentant de réelles difficultés. C'est ainsi que de nombreuses écoles ont fabriqué, dans d'excellentes conditions, des machines à mécanismes compliqués, telles que des tours à décolleter. Le chef de travaux trouvera chez les élèves de 3ᵉ année la main-d'œuvre qui lui est nécessaire pour mener à bien de telles entreprises. Ceux-ci exécuteront toujours très convenablement une pièce s'ils en voient exactement la forme.

Comme nos écoles, à une ou à deux exceptions près, ne possèdent pas de fonderie, le chef des travaux choisit le plus souvent une machine de l'industrie dont il obtient aisément les fontes à un prix raisonnable en s'adressant à l'industriel qui la construit.

Si, en menuiserie, on ne doit pas en principe occuper les élèves à la confection d'objets en réduction, il est cependant des cas où l'on ne peut adopter les dimensions courantes. Par exemple, quand il s'agit de leur faire construire un escalier pour leur en apprendre le tracé, il ne serait évidemment pas pratique d'adopter un escalier de dimensions habituelles qui les retiendrait beaucoup trop longtemps et qui entraînerait des frais trop élevés de matières premières. De même, lorsque le maître veut initier ses apprentis à la pose de menuiserie de bâtiment, il serait absurde de songer aux dimensions ordinaires. Il fait donc construire en réduction, soit à moitié grandeur, portes, fenêtres, persiennes, boiseries, que les élèves mettent ensuite en place sur une carcasse en bois représentant une partie de pièce d'appartement. Le bois de cette carcasse est utilisé plus tard par les élèves de première année.

On entreprend des travaux pour les particuliers dans le cas seulement où ces travaux rentrent dans le cadre des exercices choisis pour un bon apprentissage.

Les Directeurs et les Chefs de travaux et d'atelier devront veiller à ce que les prescriptions des lois sur l'hygiène et la sécurité des ateliers soient affichées à une place où les élèves puissent facilement en prendre connaissance.

On aura soin d'en faire le commentaire et de montrer ainsi aux élèves les applications pratiques des principes d'hygiène.

On ne négligera aucune occasion de leur fournir des explications sur les dangers que peut présenter l'usage des matières qu'ils ont à mettre en œuvre ou des machines qu'ils doivent actionner, et sur les moyens employés pour atténuer ou supprimer ces dangers.

La technologie est une des parties essentielles de nos programmes et doit être enseignée avec beaucoup de méthode. Le professeur ne s'effraiera pas de l'étendue du programme proposé; il saura le simplifier, dans l'étude des machines notamment, en considérant que les mêmes mécanismes se retrouvent dans la plupart d'entre elles, et en groupant toutes les questions analogues; en ne donnant par exemple, à propos d'une catégorie de machines, que ce qui différencie chacune d'elles de celles qui sont déjà étudiées; en laissant en outre de côté tous les détails de peu d'importance dont les élèves comprendront aisément l'utilité en les voyant. Le cours ne sera donc pas une suite de monographies et ne devra pas avoir un caractère encyclopédique.

Les élèves illustreront leurs notes de technologie par de nombreux schémas; mais quand le mécanisme qu'ils auront à représenter sera un peu compliqué, le maître leur en remettra un dessin qu'ils colleront à côté de leur texte. Il en sera de même, le plus souvent, pour les schémas d'ensemble.

PROGRAMME.

I. TECHNOLOGIE.

Les leçons de technologie se donneront le plus souvent aux ateliers, mais le professeur réunira de temps à autre ses élèves en classe pour leur dicter un résumé de ses explications et descriptions.

A. Forgeage.

PREMIÈRE ANNÉE.

1° Description de la forge, de l'enclume et des premiers outils à main tels que : marteaux divers, tenailles les plus usitées, tranches à froid et à chaud, poinçons, chasses, dégorgeoirs, étampes.

2° Allumage et conduite du feu. — Choix du charbon.

3° Instructions diverses sur le chauffage et le forgeage du fer et de l'acier.

4° Tenue du forgeron.

DEUXIÈME ANNÉE.

Première partie.

Principaux matériaux employés dans la construction des machines. (Pour cette première partie, les élèves sont réunis à ceux de l'ajustage.)

Deuxième partie.

Continuation de l'étude de l'outillage. — Opérations diverses de forge. — Qualités et provenances des charbons de forge.

Travail à la main. — Poids maximum de métal qu'on peut travailler à la main. — Chaude servant à donner de la ténacité au métal. — Travail du fer; travail de l'acier. — Recuit des pièces finies.

Énumérer et expliquer les opérations successives nécessaires pour donner au métal quelques formes simples et typiques.

Soudures. — Divers procédés de soudage. — Précautions à prendre pour le chauffage du métal. — Appréciation à l'œil de la température approximative du métal chaud. — Soudage de deux morceaux de fer; de deux morceaux d'acier. — Soudage du fer et de l'acier. — Acérage du fer pour outils. — Rôle des décapants. — Façon de s'y prendre pour exécuter quelques pièces comportant des soudures.

Trempe de l'acier. — Objet de la trempe. — Chauffage de la pièce à tremper. — Liquides de refroidissement. — Divers procédés de trempe. — Dureté demandée à la trempe pour des objets déterminés.

Forgeage, trempe et recuit des outils. — Aciers spéciaux pour outils.

Brasage. — Explication du brasage.

TROISIÈME ANNÉE.

Essais pratiques de fer et de l'acier. — Caractères auxquels on reconnaît les qualités du fer et de l'acier. — Cassure, grain, éclat. — Essais à froid; essais à chaud.

Pilons. — Marteau-pilon à courroie ou à planche. — Description et usages. — Marteau-pilon à vapeur. — Marteau mécanique à frappe rapide. — Grue desservant une forge. — Outillage à main d'un marteau-pilon. — Four à réchauffer. — Presses à forger.

Plusieurs exemples de forgeage de pièces typiques. — Façon de diriger le travail; précautions à prendre; tours de main.

B. Ajustage et tournage.

PREMIÈRE ANNÉE.

1. *Étau.* — Ses différentes parties. — Mordaches. — Hauteur de l'étau. — Étau fixe; étau tournant.

2. *Limes diverses utilisées en première année.* — Tenue de la lime. — Tenue de l'élève. — Dressage d'une surface à la lime. — Croisage des traits.

3. *Burin et bédane.* — Angle des faces du taillant. — Confection des burins et bédanes. — Premières instructions sur la trempe et l'affûtage. — Mode d'emploi du burin et du bédane. — Marteau. — Ébauchage d'une surface au burin. — Tenue de l'élève.

4. *Autres outils de l'ajusteur en usage en première année.* — Règle, équerre simple, équerre à chapeau; mètre; compas à pointes, compas d'épaisseur.

5. *Premiers exercices de traçage.* — Marbre; cales en V, pointe à tracer, pointeau, trusquin.

6. *Perçage à main.* — Perçage au vilebrequin. — Mèches, confection, trempe et affûtage. — Montage du vilebrequin. — Description et usages de la machine à percer à bras.

7. *Tournage.* — Description d'un tour à crochet. — Outils de tour : crochet, grain d'orge, plane. — Confection de ces outils; angle de coupe. — Trempe et affûtage. — Mode d'emploi de ces outils. — Centrage des pièces à tourner. — Instructions relatives à quelques exercices à faire sur le tour.

DEUXIÈME ANNÉE.

Première partie.

Matériaux employés dans la construction des machines.

1. *Bois.* — Structure des bois de nos climats. — Principales essences de bois; bois durs, bois tendres. — Conservation des bois. — Emplois divers.

2. *Fers*[1]. — Propriétés du fer. — Malléabilité. — Qualités et défauts du fer. — Résistance du fer à la traction. — Essai à la traction; examen de la cassure.

Fers du commerce. — Fers profilés; emplois. — Prix des fers.

3. *Acier.* — Composition et propriétés de l'acier. — Essai de l'acier à la traction; examen de la cassure. — Essai de dureté. — Classification des aciers. — Emploi. — Aciers ordinaires pour outils; teneur en carbone correspondant au degré de dureté. — Aciers spéciaux pour outils : composition et propriétés.

4. *Fonte.* — Composition de la fonte. — Fonte blanche; fonte grise. — Emploi de chacune de ces qualités de fonte. — Essai des fontes; cassure. — Fonte malléable. — Emploi.

5. *Autres métaux.* — *Alliages.* — Propriétés et emploi du cuivre. — Composition, propriété et emploi du bronze et du laiton. — Maillechort. — Métal antifriction. — Aluminium. — Propriétés et usages.

Quelques mots sur le plomb, l'étain et le zinc. — Soudure des plombiers et des ferblantiers.

Deuxième partie.

Continuation de l'étude de l'outillage.

1. *Étaux divers.* — Étau parallèle; étau à chanfrein.

2. *Limes.* — Diverses sortes de limes. — Profil des dents. — Taillage, retaillage et affûtage.

3. *Autres outils à main en usage en deuxième année.* — Fausse équerre, compas d'épaisseur, tournevis, clefs à écrous; règle graduée, pied à coulisse; fil à plomb, niveau.

4. *Traçage.* — Exemples de traçage sur des pièces spécialement fondues à cet effet. (Les traits ne seront pas indiqués au pointeau pour que ces pièces puissent servir à nouveau.)

5. *Ajustage de pièces.* — Exemples d'ajustage de pièces. — Polissage à la lime douce (le papier émeri sera rigoureusement proscrit en deuxième année). — Tolérance dans l'ajustage de deux pièces mobiles l'une par rapport à l'autre.

6. *Instruments de vérification.* — Palmer, calibres, bagues et tampon. Jauges.

[1] Des notions de métallurgie sont étudiées en Chimie.

7. *Perçage à la main.* — Perçage à l'arçon. — Perçage au fût à rochet.

8. *Perçage à la machine.* — Description d'une machine à percer simple. — Forets employés : forets hélicoïdaux. — Confection, trempe et affûtage des forets. — Machine spéciale à affûter les forets. — Manchons et mandrins porte-forets.

9. *Alésage.* — Alésoir à main. — Tourne-à-gauche. — Alésoirs divers. — Confection des alésoirs. — Trempe, rectification et affûtage. — Notions sur la trempe et le recuit des outils. — Meules à affûter.

10. *Mandrinage.* — But du mandrinage. — Mandrin. Mode d'emploi.

11. *Filetage et taraudage.* — Différentes formes des filets. — Filières. — Coussinets. — Tarauds. — Confection et affûtage des tarauds. — Peignes pour le finissage des tarauds. — Opérations de filetage et de taraudage.

12. *Tournage mécanique.* — Description du tour à charioter à engrenages. Banc droit; banc coupé. Poupée fixe; poupée mobile. Chariot et porte-outil. — Confection des outils de tour. Angle de coupe, angle d'incidence. — Trempe et affûtage.
Réglage du tour. — Centrage et montage de la pièce entre pointes. — Tournage conique.
Plateau et mandrin. — Montage de la pièce sur le plateau ou le mandrin. — Finissage à la plane.
Perçage et alésage sur le tour.

13. *Description du tour parallèle à charioter et à fileter.* — Diverses parties. — Chariot porte-outil. — Guidage du chariot. — Vis-mère. — Transmission du mouvement de la vis-mère. — Changement de marche. — Lyre ou tête de cheval. — Commande du chariot par la vis-mère. — Mécanisme d'embrayage. — Lunette.

14. *Tour parallèle à charioter et à fileter pourvu d'une crémaillère.* — Commande du chariot par la crémaillère (chariotage). — Tringle de chariotage.
Théorie du filetage. — Filetage à 2, 4, 6 roues. — Montage des roues. — Repères.
Exercices de filetage.

15. *Finissage des pièces de fonte.* — Grattage. — Marbrage. — Peinture des parties non travaillées.

16. *Divers.* — Sciage des métaux. — Scie circulaire; scie alternative. — Brassage et soudage. — Confection des joints.

TROISIÈME ANNÉE.

1. *Tours à charioter et à fileter universels.* — Importance d'une bonne disposition de l'arbre sur la poupée; rattrapage de jeu. — Butée. — Boîte à changements de vitesse. — Assise à donner au chariot porte-outils. — Mouvements dans tous les sens du chariot et mécanisme permettant de les obtenir. — Remplacement dans quelques tours à fileter, de la tête de cheval par un dispositif de roues dentées pour les pas de vis les plus courants. — Schémas de ces divers mécanismes. — Vis-mère à l'intérieur. — Déplacement latéral sur semelle de la poupée mobile pour tourner cône. — Plateau universel. — Plateau diviseur.

Dispositif à reproduction.

Ce qui caractérise principalement les tours genre américain.

Nombreux travaux qu'on peut exécuter sur un tour.

Montage des pièces sur le tour. — Importance du centrage.

Notions complémentaires sur les outils de tour et sur les outils en général. — Outils en acier extra-dur.

Précautions à prendre pour le chauffage de l'acier à outils. — Appareils de chauffage pour la trempe. — Emploi des moufles, des bains métalliques. — Évaluation à l'œil de la température de l'acier chauffé.

Trempe de l'outil. — Liquide de refroidissements.

Recuit des outils. — Évaluation à l'œil de la température du recuit.

Choix de l'acier convenant à tel ou tel genre d'outils.

Porte outils. — Vitesse pratique à donner à l'outil en rapport avec l'opération qu'on effectue ou avec la matière qu'on travaille. — Lubrification des outils.

2. *Tours à revolver et à décolleter.* — Ce qui caractérise le tour à revolver et à décolleter. Tourelle. — Préparation et mise en place des outils; réglage. Réglage des courses. — Avance de la barre à la main; avance automatique. — Dispositif pour le filetage et le taraudage.

Tours à décolleter semi-automatiques. — Idée des tours à décolleter automatiques. — Emploi des cames pour la commande automatique. — Emploi universel des tours à décolleter dans les usines de petite et de moyenne mécanique.

3. *Tours en l'air à plateau vertical.* — Usages de cette machine. — Mouvements automatiques du chariot porte-outil.

4. *Tours en l'air à plateau horizontal ou tours verticaux.* — Description générale d'un tour vertical simple. — Porte-outil simple ou à revolver. — Différentes opérations qu'on peut effectuer sur un tour vertical. — Avantages et inconvénients de chacun de ces deux genres de tours.

5. *Description sommaire d'une machine à aléser.* — Alésage.

mobile et supports des pièces. — Harnais de changement de vitesse. — Porte-foret. — Divers systèmes d'avance de l'outil.

Dispositif d'alésage.

Confection des mèches et des forets :

2° Machine à percer à levier. — Usages.

3° Machines à percer radiales. — Description d'un type simple. — Bâti à rainures; colonne; bras; chariot porte-foret. — Déplacements du bras et du chariot. — Descente automatique. — Harnais d'engrenages. — Divers emplois de la radiale. — Particularités de quelques machines radiales modernes.

Perceuses multiples.

12. *Installation des machines-outils.* — Commande par un inter- médiaire. Calcul des diamètres des poulies. — Commande par électro- moteur. — Réducteur de vitesse. — Scellement.

13. *Précautions à prendre dans le maniement des machines-outils.* — Les accidents du travail. — Moyens employés pour les éviter. — Appareils de protection. — Responsabilité.

Bien que les élèves aient étudié en dessin les principaux organes de machines, le professeur de technologie en fera une revision rapide et appliquera à la détermination de quelques-unes de leurs dimensions les notions acquises en mécanique sur la résistance des matériaux. Il com- plétera cette partie de son cours par la description de quelques autres mécanismes non étudiés en dessin et en mécanique. Enfin, sous sa di- rection, les élèves procéderont à un certain nombre d'essais dynamomé- triques sur des machines-outils pour avoir une idée du travail qu'elles absorbent, et à d'autres essais relatifs au réglage de la distribution dans une machine à vapeur, au réglage du fonctionnement d'un moteur à gaz ou à pétrole, aux prises de diagrammes et à la mesure au frein de la puissance effective d'un moteur.

C. Menuiserie.

PREMIÈRE ANNÉE.

Outils de menuisier.

1. *Établi.* — Description. — Outillage : griffe, valet, presse, maillet. — Observations sur la hauteur de l'établi par rapport à la taille de l'ap- prenti. — Tenue de l'apprenti.

2. *Outils à main.* — Outils à débiter; scies. — Scie à araser, scie à tenon. — Voie à donner aux scies.

Outils à corroyer. — Riflard ou demi-varlope, varlope, rabot; contre-fer, son utilité. — Aiguisage des fers.

Outils à creuser. Ciseau, bédane. — Aiguisage.

Instruments de mesure et de traçage : mètre, règle, équerre simple, trusquin, compas droit, pointe à tracer.

3. *Instructions diverses :* 1° sur l'emploi des outils de menuiserie. — Démontage et remontage de ces outils; 2° sur le travail du bois. — Quelques mots sur les bois servant aux exercices en première année. — Fil du bois. — Dressage d'une planchette. — Corroyage; mise d'équerre et d'épaisseur. — Tracé de tenons et de mortaises.

Premiers outils du tourneur.

4. *Description d'un tour simple, dit tour à bidet.*

5. *Principaux outils à main du tourneur.* — Gouge, bédane, plane. — Aiguisage. — Hachette; compas droit, compas d'épaisseur.

Préparation du bois à tourner. — Centrage et montage de la pièce sur le tour.

6. *Instructions sur le tournage.* — Précautions à prendre.

DEUXIÈME ANNÉE.

Outillage du menuisier (suite).

1. *Outils à débiter.* — Scie à chantourner, scie à main, scie à cheville.

2. *Outils d'assemblage.* — Bouvet à joindre, bouvet deux pièces, bouvet à approfondir; presse, serre-joint; rabot à dents.

3. *Outils à moulures.* — Talon, doucine; rabot à élégir, rabot rond, outils à entaille; guillaume à araser; outils à noix. — Spécimens de moulures.

4. *Outils à mesurer et à tracer.* — Équerre à chapeau, onglet, fausse équerre; compas à verge; fil à plomb, niveau.

5. *Outils divers.* — Boîte à coupes, boîtes à recaler; planche à dresser les outils pour menuiserie cintrée.

6. *Outils à percer.* — Vrille, tarière, mèches, fraises, vilebrequin.

7. *Filières et tarauds.* — Exécutions de vis diverses.

8. *Instructions complémentaires* sur la mise en état de l'outillage et sur le travail du bois. — Collage. Choix et préparation de la colle.

9. *Divers.* — Énumération, description et emploi des principaux assemblages.

10. *Description et tracé* de divers objets de menuiserie. — Table ordinaire à tiroir; escabeau, marchepied; table à rallonge; armoire commune; bibliothèque; vitrine. — Notions d'architecture applicables à la composition et à l'ornementation de meubles.

Outillage du tourneur (suite).

11. *Outils divers à main.* — Instructions complémentaires sur le maniement de ces outils et leur affûtage.

12. *Description et usage d'un tour en l'air.*

13. *Instructions* sur le tournage des pièces moulurées, d'un disque, d'une boule, d'un tore, d'un cylindre creux.
Filetage au peigne.

TROISIÈME ANNÉE.

a. Bois employés en menuiserie, en modèlerie et en ébénisterie.

1. *Propriétés des bois.* — Hygrométricité. — Dessication. — Retrait. — Gauchissement et gerçures. — Examen de la coupe d'un tronc d'arbre. — Age des bois.
Élasticité, ténacité et dureté.

2. *Débit des bois.*

3. *Conservation des bois en magasin.*

4. *Poids et prix des principales essences.*

Le professeur aura soin de montrer des échantillons de bois en grume, de bois débité, de bois travaillé, des principales essences dont il parlera.

1° *Bois tendres.*

Caractères et emploi des essences ci-après énumérées.

5. *Bois résineux.* — Sapin commun, sapin de Norvège; pin; mélèze; cèdre, cyprès.

6. *Bois blanc.* — Peuplier; bouleau, tilleul; aune; marronnier.

7. *Dimensions des bois débités du commerce.* — Prix moyen.

·1° *Bois durs.*

8. *Chêne.* — Aspect; propriétés. — Chêne de pays, chêne des Vosges, chêne du Nord, chêne de Hongrie. — Importance du chêne dans la construction.

9. *Caractères et usages des bois suivants :*

Châtaignier et mûrier;
Hêtre, charme, orme, frêne;
Érable, platane;
Noyer, cerisier, merisier;
Poirier, pommier, prunier;
Cerisier de Sainte-Lucie, if, olivier, buis.

3° *Bois de placage.*

10. *Loupe* de frêne, d'aune, de houx, de noyer; acajou; ébène; palissandre; érable d'Amérique; gaïac.

b. **Machines-outils.**

Description, fonctionnement et emploi des machines suivantes :

11. *Scie à découper.*

12. *Scie à ruban.* — *Scie circulaire.* — Affûtage des scies. — Machine à affûter et à donner de la voie aux scies.

13. *Machine à raboter.*

14. *Machine à faire les mortaises et machine à faire les tenons.*

15. *Machine à faire les moulures ou toupie.*

16. *Dangers de ces machines.* — Précautions à prendre pour éviter les accidents. Appareils de protection.
Lorsque les élèves en seront à ce point du programme, les menuisiers continueront par la menuiserie du bâtiment, tandis que les modeleurs et les ébénistes recevront des notions spéciales de technologie en rapport avec leur profession.

7·

c. Menuiserie en bâtiment.

Description et tracé.

17. *Porte.* — Différentes parties d'une porte. — Porte à un battant, à deux battants.

Porte de communication; porte palière; porte bâtarde; porte cochère.

18. *Croisée.* — Différentes parties d'une croisée. — Divers modèles de croisées.

19. *Volets et persiennes.* — Persiennes cintrées. — Jalousies.

20. *Planchers et parquets.* — Plancher ordinaire. — Plancher à frises. — Parquet à frises; parquet d'assemblage.

21. *Boiseries diverses.* — Plinthes; stylobates; soubassement; lambris.

22. *Fronton.* — Proportions. — Réduction et augmentation proportionnelle des profils.

23. *Corniches.* — Modèles de corniches. — Réduction ou augmentation proportionnelle des profils. — Raccord des moulures.

24. *Escaliers.* — Différentes parties d'un escalier. Marche, contre-marche, palier, marche palière. Limon, faux-limon. Limon à crémaillère. Main courante, etc.

25. *Principaux types d'escaliers.* — Escalier droit. — Escalier à quartier tournant. — Balancement des marches.
Escalier en fer à cheval.
Escalier courbe à noyau évidé, à noyau plein.
Escalier de magasin.
Plafond par claveaux, par panneaux. — Plafond d'assemblage.

26. *Appareils divers.* — Arêtier droit, arêtier cintré; trémie.

27. *Instructions sur les tracés sur règle.*

28. *Métrage de travaux de menuiserie.* — Métrage d'objets de menuiserie (exemple sur la menuiserie de l'école). — Mesure au mètre carré. Mesure au mètre linéaire.

29. *Estimation d'un travail de menuiserie.*

30. *Établissement d'un devis* avec application de la série de prix de la ville où se trouve l'école.

d. **Modèlerie.**

1. Ce qu'est un modèle de fonderie. — Choix du bois. — Retrait de la fonte. — Dépouille du modèle. — Portées et bossages.

2. Assemblage en modèlerie.

3. Modèles en plusieurs pièces. — Montage de ces pièces. — Goujons de montage. — Boîte à noyaux.

4. Dispositions à prendre pour éviter le déplacement des pièces du modèle et faciliter le travail du mouleur. — Emploi des vis.

5. Vernissage des modèles.

6. Notions sur le moulage. — Moulage à la trousse.

II. ATELIERS.

A. **Forge.**

PREMIÈRE ANNÉE.

1. Exercices avec le marteau à main et avec le marteau à devant sur un billot de bois.

2. Préparation et entretien du feu.

3. Chauffage et étirage d'un morceau de fer (riblon).

4. Mettre ce morceau de fer carré, ensuite octogonal, puis rond.

5. Mettre carré un morceau de fer rond.

6. Replier sur lui-même un morceau de fer carré ou rond de 8 à 10 centimètres de long et souder les bouts.

7. Forger des rappointes, des fiches et d'autres menus objets.

8. Exécution de plaques carrées, de plaques rectangulaires, de règles.

9. Exécution de prismes et de cubes.

10. Exécution d'équerres simples, d'équerres à chapeau.

DEUXIÈME ANNÉE.

1. Perçage et mandrinage de trous divers.

2. Exécution d'écrous et de boulons divers.

3. Confection de burins, de bédanes et d'outils similaires. — Trempe.

4. Soudure à chaude portée en bout. — Refoulement.

5. Soudure à chaude portée par amorce. — Refoulement et amorçage

6. Soudure à chaude portée à gueule de loup.

7. Soudure à chaude portée par encolage à 90 degrés.

8. Soudure à chaude portée de l'acier. — Précautions à prendre.

9. Exercices de brasage et de soudure.

10. Exécution d'une rondelle soudée, d'une frette, d'un collier.

11. Exécution d'une paire de tenailles.

12. Exécution de marteaux rivoirs, de marteaux d'ajusteur, de marteaux à main de forge.

13. Exécution des divers outils de forge : tranches, chasses carrées, poinçons divers.

14. Exécution de clefs simples, de tourne-à-gauche.

15. Exécution d'objets divers simples pour les besoins de l'ajustage.

TROISIÈME ANNÉE.

1. Emploi du marteau-pilon. — Précautions à prendre. — Corroyage par petits paquets au pilon à courroie ou à planche.

2. Exécution d'outils de forge divers : tenailles à té, tenailles à coquilles, chasses à parer, dégorgeoirs, étampes, marteau à devant.

3. Exécution de divers outils d'ajusteur : clefs doubles, clef anglaise, clef à molette, étau à main, étau à chanfreiner, toc, serre-joint, monture de scie à métaux, filière.

4. Exécution de diverses pièces de mécanique : collier d'excentrique, arc de presse à copier, bielle, manivelle, arbre coudé, ancres de petites dimensions.

5. Corroyage de riblons, au marteau-pilon, par paquets de 30 à 50 kilogrammes.

6. Exécution des pièces diverses de machines dont la construction est entreprise à l'atelier d'ajustage.

N. B. — Les élèves de 1re, 2e et 3e années de la section d'ajustage vont, de quinze jours à trois semaines, et à tour de rôle, à la forge pour apprendre à confectionner leurs outils.

B. Ajustage et tournage.

PREMIÈRE ANNÉE.

Emploi des outils suivants : étau, lime d'Allemagne des deux au paquet, lime bâtarde, lime mi-douce ; mètre, règle, équerre ; compas à pointes, compas d'épaisseur ; trusquin, petit marbre ; burin, bédane ; fût à rochet, forets et fraises ; crochets et planes de tour.

1 Exercices pendant la période d'essai de deux mois et demi.

1. Dresser une plaque de 60 × 60, et répéter cet exercice d'assouplissement de la main sur une autre surface de dimensions moindres.

2. Exercice de burin et de bédane sur la première de ces plaques. Saignées.

3. Exécuter une plaque rectangulaire de 80 × 15 × 50 ; y faire des chanfreins.

4. Perçage de trous de 8 à 10 millimètres aux angles de cette plaque. Fraisage des trous.

5. Cube de 10 millimètres de côté.

2° Exercices pendant la période de cinq mois après spécialisation.

6. Exécution d'un prisme à base carrée.

7. Exécution d'un prisme à base hexagonale.

8. Exécution d'une règle de 150 × 30 × 10.

9. Exécution d'une fausse équerre.

10. Exécution d'une équerre à 6 pans.

Tous ces exercices resteront à traits croisés.

11. Exécution au crochet et à la plane d'un cylindre de 35 millimètres de diamètre et 80 millimètres de long.

12. Exécution d'un cylindre avec portées.

13. Exécution de moulures simples.

Ces quelques exercices de tour alterneront avec ceux d'ajustage.

Les élèves les plus avancés pourront faire d'autres exercices tels que presse-papier, porte-plat, casse-noisettes...

DEUXIÈME ANNÉE.

Indépendamment des outils à main employés en 1ʳᵉ année, les élèves de 2ᵉ année auront encore à se servir des suivants : limes diverses, alésoirs à main, tourne-à-gauche, tarauds et filières, mandrins, molettes, étau à main, clefs diverses... et, en outre, de la machine à percer à main, du tour à charioter, de l'étau limeur, et quelquefois de la raboteuse.

Au fur et à mesure des besoins, il leur sera donné des explications sur la confection, la trempe et l'affûtage des outils de ces machines.

Exercices :

1° Pratiquer une rainure rectangulaire de 25 millimètres de large et de 10 de profondeur dans une plaque de 80 × 30 × 20, et y ajuster à frottement doux une réglette de 60 × 25 × 10.

2° Exécution de gabarits divers en tôle.

3° Exécution d'une clef à écrous ou d'une clef de robinet.

4° Exécution d'un marteau d'ajusteur ou de menuisier.

5° Exercices de brasage, de soudure, de rivetage.

6° Exécution d'un jeu d'équerres.

7° Exécution d'un compas d'épaisseur.

8° Exécution d'un compas à pointes.

9° Tourner une tige et la tarauder.

10° Tarauder, tourner et ajuster deux ou trois écrous à 6 pans avec rondelles. — Boulons.

11° Exécution d'un tourne-à-gauche.

12° Exercices de chariotage. — Cylindrer un arbre et y faire des portées. — Aléser une bague et l'ajuster sur l'arbre.

13° Clavetage d'un moyeu sur un arbre.

14° Exécution d'un assemblage à queue d'aronde.

15° Exécution d'un ou deux objets de la série suivante : étau à main, étau à chanfreiner, pince de télégraphiste, trusquin, serre-joint, monture de scie à métaux, fer à repasser, marbre, etc.

TROISIÈME ANNÉE.

Au commencement de la 3° année, les élèves font encore quelques exercices d'ajustage et de tournage. Ensuite, et autant que possible, ils participent tous à quelques travaux d'ensemble, pour lesquels ils ont à se servir de toutes les machines-outils de l'atelier (se reporter aux instructions générales). Pendant cette dernière période de l'apprentissage, on a soin de les initier aux procédés de travail les plus importants et les plus modernes. On veille tout particulièrement à la bonne confection de l'outillage : forme, trempe, recuit et affûtage.

Quand des pièces d'une machine en construction sont analogues aux exercices du programme de 2° ou de 3° année, on les fait exécuter aux lieu et place de ces exercices.

Si, dans le cours de la 3° année, certains élèves n'ont pas à se servir de quelques machines pour les travaux qu'on leur confie, on leur donne des exercices supplémentaires qui nécessitent l'emploi de ces machines.

Exercices :

1° Exécution d'un assemblage à frottement doux rappelant celui des coussinets dans une cage de filière.

2° Exercices de chariotage et de filetage. — Confection de pièces utiles : vis d'établi, de presse, de frein de voiture.

3° Exécution d'une pièce de la série suivante : clef à molette, griffe de tour, étau à griffe et à mors parallèles, pied à coulisse, filière, presse à copier, palier à coussinets en bronze. (Deux élèves peuvent travailler sur la presse et le palier.)

4° Exercices sur la machine à rectifier. — Ajustage d'un tampon dans une bague cylindrique ou conique. — Réglage de la machine. (Deux élèves participent à cet exercice, l'un confectionnant le tampon, et l'autre la bague.)

5° Traçage de dents d'engrenage sur un disque en fonte tourné et exécution de quelques dents à la lime. — Taille d'engrenages d'après modèle.

6° Exercices de fraisage. — Construction des fraises, tournage, trempe, rectification et affûtage. — Montage de la fraise sur la machine et réglage de celle-ci.

7° Taille des roues d'engrenages à la machine. — Denture droite, denture hélicoïdale, denture de roues coniques.

Les élèves, par groupes de deux ou trois, montent et règlent la machine et taillent quelques dents.

C. Menuiserie et modélerie.

PREMIÈRE ANNÉE.

1° Exercices pendant la période d'essai de deux mois et demi.

1. Sciage du bois en travers, en long. — Emploi de la scie à débiter et de la scie allemande.

2. Dressage d'une planchette de 50 centimètres de long et de 15 de large. — Emploi du riflard.

3. Dégauchissage et mise d'équerre de deux planches de 40 à 50 centimètres de long et de 15 centimètres de large. — Emploi de la varlope.

4. Tirer de large les deux planchettes précédentes; les tirer d'épaisseur. — Emploi du trusquin.

5. Entailles. — Emploi de la scie à araser et du ciseau.

6. Exécution d'un assemblage à tenon et mortaise. — Emploi du bédane.

7. *Exercices de tournage.* — Préparation du morceau de bois avec la hachette. — Centrage, mise de la pièce entre pointes sur le tour. — Ébaucher le cylindre à la gouge et le terminer à la plane. — Faire des gorges sur le cylindre.

2° *Exercices pendant la période de cinq mois après spécialisation.*

Outils à employer avec les précédents : bouvet, serre-joint, scie à cheville, vilebrequin.

8. Entaille à mi-bois à angle droit.
9. Entaille à mi-bois à 60 degrés.
10. Un deuxième assemblage à tenon et mortaise.
11. Assemblage à tenon et mortaise avec épaulement.
12. Assemblage à tenon et enfourchement.
13. Assemblage à tenon et mortaise avec épaulement et flottage.
14. Application des exercices précédents à l'exécution d'un châssis rectangulaire avec croisillon.
15. Assemblage à rainures et languettes avec emboîture.
16. Assemblage à rainures et languettes avec barre à queue.
17. Assemblage à rainures et languettes avec baguettes sur les joints et clefs.

Exercices de tournage. — Emploi de la gouge, de la plane, du bédane, du ciseau de côté, de la filière.

18. Exécution d'un cylindre mouluré.
19. Exécution d'objets divers, tels que : manches de lime, chevilles, porte-chapeau, boutons de tiroirs, coquetier, anneau de serviette, porte-embrasse en plusieurs pièces.....

DEUXIÈME ANNÉE.

Emploi du bouvet à approfondir et de divers outils à moulures.

1. Assemblage à queue d'aronde apparente.
2. Assemblage à queue d'aronde recouverte.
3. Embrèvement à angle droit et à languette bâtarde.
4. Assemblage à tenon et mortaise simple avec panneau.
5. Assemblage à tenon et mortaise à épaulement avec panneau.
6. Assemblage d'angle à petit cadre avec plate-bande.
7. Traverse de milieu de petit cadre avec panneau et plate-bande.
8. Application des deux exercices précédents à une boiserie en réduction.
9. Assemblage d'angle à petit cadre avec panneau à recouvrement.
10. Assemblage à angle vif à un parement et enfourchement.
11. Assemblage à angle vif à un parement et mortaise.
12. Application des deux derniers exercices à une boiserie en réduction.
13. Assemblage à angle vif à deux parements, mortaise et enfourchement.

14. Encadrement d'une tablette à angle vif.
15. Trait de rallonge à mi-bois avec queue d'aronde.
16. Trait de Jupiter des menuisiers.
17. Trait de Jupiter des charpentiers.
18. Assemblage à queues d'aronde perdues.

Exercices de tournage. — 19. Exécution d'un cône en bois plein.
20. Exécution d'un cône creux.
21. Exécution d'une sphère.
22. Exécution d'une demi-sphère en creux.
23. Exécution d'objets divers tels que : coquetier, huilier, chandelier, vis à bois, écrous, pieds de table, etc.
24. Application des exercices de menuiserie et de tournage à quelques objets de la série suivante : tabouret, table de cuisine, bureau simple, bureau avec casier à tiroir, buffet de cuisine, petite armoire.
25. Exécution d'une équerre à corroyer.
26. Exécution d'une équerre d'onglet.
27. Exécution d'un trusquin.

TROISIÈME ANNÉE.

1° *Menuisiers.*

Nouveaux outils à employer en troisième année : outils à noix, outils à gueule de loup, guillaume et châssis à araser les lames de persiennes, outils à entailles, botte à recaler et sa varlope pour grand cadre, outils à moulures divers, etc.

1. Assemblage à angle vif d'un parement à petit cadre avec mortaise et enfourchement et d'un parement à grand cadre.
2. Assemblage à grand cadre, à double parement avec mortaise et clefs.
3. Assemblage des différentes parties d'une croisée.
4. Exécution en réduction d'une persienne.
5. Exécution en réduction d'une partie cintrée de persienne.
6. Exécution en réduction d'une porte à grand cadre.
7. Assemblage à double parement à petit cadre d'une traverse de milieu inclinée à 45 degrés.
8. Petite boiserie rectangulaire à petit cadre avec traverse conique en diagonale.
9. Tracé et exécution d'une trémie.

Travaux d'ensemble et pose. — Exécution de meubles.
Exécution à mi-grandeur d'une porte, d'une fenêtre, de persiennes,

de boiseries diverses, et mise en place de ces pièces sur une carcasse en bois.

Exécution d'un escalier à limon extérieur, forme quartier tournant, et à limon intérieur circulaire.

2° *Modeleurs.*

1. Croisillons à 6 bras.
2. Bras de poulie.
3. Poulie à gorge avec toile.
4. Volant à 3 ou 4 bras.
5. Palier console.
6. Chaise.
7. Exécution d'une crémaillè et de son pignon.
8. Exécution de roues d'engrenages.

Au fur et à mesure des besoins, les élèves exécutent les modèles nécessaires à l'ajustage.

SECTION COMMERCIALE.

MORALE.

HORAIRE.

1/2 heure dans chaque année.

Les instructions pédagogiques et le programme sont communs aux deux sections.
(Voir page 13.)

HISTOIRE ET INSTRUCTION CIVIQUE.

HORAIRE.

1re année............................... 1 heure
2e année............................... 1 —

Les instructions pédagogiques et le programme de 1re année sont communs aux deux sections.
(Voir page 24.)

PROGRAMME DE DEUXIÈME ANNÉE.

HISTOIRE
DE 1848 À NOS JOURS.

1. *La Seconde République.*

1° La seconde République. — Le suffrage universel. — Abolition de l'esclavage aux colonies. — Le socialisme : les ateliers nationaux. —

Les journées de Juin. — L'Assemblée constituante et la constitution républicaine.

2° Élection de Louis-Napoléon Bonaparte. — La réaction. — Lois sur l'enseignement et le suffrage. — La dictature présidentielle. — Le coup d'État du 2 décembre 1851.

II. *Le Second Empire.*

3° Le second Empire. — La constitution de 1852 : analogie avec la constitution de l'an VIII. — Le régime césarien. — Confiscation des libertés publiques ; régime des décrets. — L'amnistie de 1858. — L'Empire libéral de 1870. — Le plébiscite.

4° et 5° Transformation économique. — Nouveaux progrès de l'agriculture. — Loi sur les chemins vicinaux. — La grande industrie. — Lois sur les sociétés, sur les grèves. — Le commerce. — Les traités de commerce et le libre-échange. — Les expositions universelles. — Le canal de Suez : changement des routes commerciales. — Compagnies maritimes subventionnées. — Réseau télégraphique. — Les câbles sous-marins.

6° Politique extérieure. — Guerre de Crimée. — Guerre de 1859 : formation de l'unité italienne. — Guerre du Mexique. — La France en Cochinchine.

7° La guerre franco-allemande. — Révolution du 4 septembre. — Siège de Paris. — La guerre dans les départements : Gambetta. — Proclamation de l'Empire allemand. — Le traité de Francfort.

III. *La Troisième République.*

8° et 9° La troisième République. — Lois sur l'instruction publique. — Réorganisation de l'armée. — Lois sur le recrutement. — Grands travaux publics.

Progrès de l'agriculture. — Lois sociales et économiques : lois de protection, d'assistance, d'assurance.

Progrès scientifique.

10° Expansion de la France en Asie. — Agrandissement de notre domaine colonial en Afrique.

11° Relations de la France avec les principales puissances étrangères.

IV. *Le Monde contemporain.*

12° L'Angleterre. — Monarchie constitutionnelle. — Développement de son industrie et de son commerce. — Sa puissance maritime et coloniale. — Le paupérisme. — La question d'Irlande.

13° L'Allemagne. — Constitution de l'Empire allemand. — Puissante organisation militaire. — Régime économique. — Prospérité industrielle et commerciale. — L'émigration. — Tentatives de colonisation.

14° L'Europe centrale. — Autriche-Hongrie : les luttes des nationalités. — Suisse : neutralité. Importance économique.

15° L'Empire russe, — Régime autocratique. — Demandes de réformes. — Les révolutionnaires. — La Douma. — Défaites de la Russie dans l'Extrême-Orient.

16° L'Empire ottoman. — Affaiblissement progressif des diverses races. — La question d'Orient au xx° siècle.

17° et 18° Les États-Unis. — Prospérité et puissance croissantes. — La doctrine de Monroe. — Intervention des États-Unis dans la politique générale du Monde. — Situation économique. — Le canal de Panama : conséquences politiques et commerciales.

Développement du Japon moderne.

INSTRUCTION CIVIQUE.

1° Les principes de 1789. — Commentaire de la Déclaration des droits de l'homme et du citoyen.

2° Le gouvernement républicain. — Les deux pouvoirs de l'État : pouvoir législatif, pouvoir exécutif. — Le principe de la séparation des pouvoirs. — Prépondérance du Parlement.

3° Le pouvoir législatif. — La Chambre des Députés et le Sénat : leurs attributions, mode d'élection, préparation et vote des lois. — L'Assemblée nationale ou Congrès : ses attributions.

4° Le pouvoir exécutif. — Le Président de la République : comment il est élu. — Durée de ses pouvoirs. — Ses attributions. — Le Gouvernement, le Président du Conseil et les Ministres. — Responsabilité ministérielle.

5° Les finances. — Divers impôts. — Vote et perception de l'impôt. — Le budget.

6° Organisation militaire. — Le service militaire.

7° La justice. — Les différents tribunaux.

8°, 9° et 10° Notions sommaires sur l'organisation administrative du département, du canton, de la commune.

HYGIÈNE.

3ᵉ année.......... 1 heure pendant le dernier trimestre.

INSTRUCTIONS PÉDAGOGIQUES.

Comme introduction au cours d'Hygiène, le professeur décrira sommairement le corps humain et étudiera succinctement les principales fonctions.

Le programme comprendra trois parties :

1° L'hygiène générale ;

2° L'hygiène spéciale ;

3° Des instructions sur les premiers soins à donner en cas d'accident.

La première et la troisième partie seront susceptibles d'intéresser indistinctement toutes les écoles, tandis que le programme de la deuxième partie sera approprié aux besoins de la région.

Le professeur fera, autant que possible, ses leçons à l'aide d'une collection de tableaux d'histoire naturelle.

PROGRAMME.

I. *Hygiène générale.*

Les organes et les fonctions dans leurs rapports avec l'hygiène.

Hygiène de l'alimentation. — L'eau, ses altérations ; eaux potables, eaux contaminées, purification ; boissons aromatiques (thé, café), boissons fermentées, eaux-de-vie, boissons alcooliques additionnées d'essences.

Alimentation appropriée à l'âge, à la profession, au climat.

Les viandes malsaines ; l'altération des œufs, du lait, du beurre, des farines ; empoisonnements.

Précautions à prendre dans l'emploi des vases de cuivre et de plomb.

Hygiène de l'habitation et du vêtement. — Les divers climats.

L'habitation, aération, ventilation, chauffage, poêles, calorifères. — Éclairage, fuites de gaz, essences minérales, alcool, allumettes. Latrines. Désinfectants.

Vêtements.

Hygiène du travail. — Les agents physiques : bruit, chaleur, humidité, poussières; etc.

Les agents infectieux et parasitaires.

La déformation professionnelle. Fatigue. Surmenage.

Hygiène de la vie sociale. — La propreté, fonctions de la peau et des glandes, utilité des bains. Le repos. Le sommeil. Les exercices physiques.

Le tabac. L'alcoolisme et ses dangers.

Maladies épidémiques et maladies contagieuses. La tuberculose. Les microbes et leur rôle. Procédés de stérilisation et de désinfection.

II. *Hygiène spéciale.*

Le professeur étudiera d'une façon spéciale les conditions d'hygiène se rapportant à l'industrie, au commerce et à la situation sanitaire de la région.

III. *Instructions sur les premiers soins à donner en cas de maladie ou d'accident.*

Brûlures, morsures, fractures, hémorragies, plaies, pansements antiseptiques, empoisonnements.

Asphyxie, syncope, secours aux noyés.

Position à donner aux malades. Précautions à prendre pendant le transport des malades et des blessés.

DESSIN ET GÉOMÉTRIE.

HORAIRE.

1ʳᵉ année.................................... 2 heures.
2ᵉ année.................................... 3 —

INSTRUCTIONS PÉDAGOGIQUES.

L'enseignement devra être surtout éducatif; toutefois le maître ne devra pas perdre de vue le parti que l'élève pourra en tirer.

Si le commerçant n'a pas à se préoccuper des dessins d'exécution des objets fabriqués, par contre, il doit pouvoir renseigner l'industriel sur les goûts, les préférences, les desiderata de la clientèle. Le dessin lui sera, dans ce cas, un auxiliaire précieux qui lui permettra de traduire sa pensée d'une façon rapide et précise.

Les notions de dessin à inculquer aux élèves doivent, en conséquence, se réduire au dessin à main levée, avec ou sans effet.

L'enseignement devra s'appuyer sur une étude élémentaire non de géométrie théorique, mais plutôt de constructions géométriques.

Il sera complété par quelques notions de dessin d'ornement et par une étude très simple sur les styles, de façon à former et à cultiver le goût de l'élève et à le mettre à même d'apprécier plus tard la forme ou l'aspect des marchandises aussi bien que leur valeur technique.

PROGRAMME.

PREMIÈRE ANNÉE.

Premier et deuxième trimestres.

NOTIONS TRÈS SOMMAIRES DE GÉOMÉTRIE. — Le professeur se bornera à définir les principales figures géométriques, à faire connaître quelques-unes de leurs propriétés et à indiquer la façon de construire les plus importantes.

Dans la première demi-heure de la leçon, il donnera ses explications et fera au tableau noir ses tracés que les élèves relèveront au fur et à mesure sur leur cahier de croquis pour les mettre ensuite au net au crayon, soit sur un cahier spécial, soit sur des feuilles détachées, en s'aidant de la règle et du compas.

Ligne droite : translation, parallèles.

Rotation d'une droite autour d'un point. — Angles. — Droites perpendiculaires l'une sur l'autre. — Mesure d'un angle. — Exercices graphiques.

Triangles et autres figures géométriques simples. — Polygones. — Exercices géométriques.

Cercle et circonférence de cercle. — Sécante, tangente. — Polygones réguliers. — Applications.

Dire ce qu'on entend par figures semblables. — Construire une figure semblable à une figure donnée (cas simple).

Des aires. — Aire du rectangle, du parallélogramme, du triangle, du trapèze, du polygone régulier et du cercle. — Décomposition d'un polygone quelconque en triangles ou en trapèzes et triangles. — Exercices.

Définition, représentation et volume des principaux solides géométriques. — Exercices.

Troisième trimestre.

Dessin d'ornement à main levée et à vue d'après des modèles muraux à deux dimensions ou d'après des croquis faits au tableau noir par le maître.

Les modèles qu'on donnera aux élèves seront des applications des figures géométriques précédemment étudiées.

DEUXIÈME ANNÉE.

Premier trimestre.

Continuation du dessin d'ornement à deux dimensions. — Emploi de courbes empruntées au régime végétal.

De temps à autre, les élèves auront à reproduire de mémoire le dessin fait à la leçon précédente. On les exercera aussi à trouver des combinaisons ornementales de lignes, de figures géométriques, d'après quelques indications données par le professeur.

Deuxième trimestre.

Notions très sommaires de perspective d'observation. — Application à des objets usuels simples et des plâtres faciles. — Ombres.

En vue de contribuer à former le goût des élèves, on leur montrera de temps en temps, en les leur expliquant, quelques bons dessins d'ornement, de genre et de style différents, autant que possible en rapport avec les industries de la région.

Troisième trimestre.

Représentation géométrale des objets; plan et élévation. — Croquis coté d'objets très simples mis à la disposition des élèves [1].

[1] Tous ces dessins seront exécutés à la mine de plomb.

8.

LANGUE FRANÇAISE.

1ʳᵉ année............................... 6 heures.
2ᵉ année............................... 3 —
3ᵉ année............................... 2 —

Comme on accorde au français six heures en première année, trois heures en seconde, deux heures en troisième, on consacrera en première année deux classes à la récitation et à la lecture (lecture expliquée et lecture de longue haleine), deux classes à la grammaire, deux à la composition française; en deuxième année, une classe à chaque espèce d'exercice; en troisième, une classe à la lecture et à la récitation, une autre à la composition française.

Le programme de français est le même que celui de la section industrielle.
(Voir page 20.)

NOTIONS DE PHYSIQUE.

1ʳᵉ année............................... 1 h. 1/2.

INSTRUCTIONS PÉDAGOGIQUES.

Lorsque l'établissement d'un point de théorie élémentaire sera nécessaire pour la compréhension d'un phénomène susceptible d'applications, c'est sur des faits choisis dans le domaine de la pratique la plus courante que le professeur devra s'appuyer. Il laissera de côté les modèles d'appareils qui n'ont qu'un intérêt historique et se bornera à la description de ceux dont l'industrie fait l'usage le plus fréquent. En résumé, l'enseignement de la physique aura pour but unique la connaissance des faits et des instruments d'une application courante dans la vie commerciale et industrielle; et c'est sur ce but exclusivement positif que le professeur devra, d'une façon continue, fixer l'attention des élèves.

PROGRAMME.

Introduction à l'étude de la physique. — Quelques leçons préparatoires seront consacrées à la définition des phénomènes physiques et à leur portée pratique. Des exemples seront choisis parmi les faits de la vie ordinaire et précisés à l'aide d'expériences simples, susceptibles de développer dans un sens positif l'esprit d'observation et d'analyse.

La matière, ses divers états.

Les forces et leur action. Dynamomètre.

Pesanteur.

Sa direction; fil à plomb. Centre de gravité. Poids d'un corps : pesées, usage de la balance et de la bascule. Chute des corps.

Équilibre des liquides. — Constatations expérimentales relatives aux liquides en repos. Horizontalité de la surface libre. — Niveau dans les vases communicants; niveau d'eau, distribution de l'eau, puits artésiens, écluses, etc.

Eau sous pression : exemples de ses emplois. Transmission des pressions par un liquide : presses hydrauliques, ascenseurs, freins hydrauliques.

Principe d'Archimède établi expérimentalement. Corps flottants. Densités, densimètres et alcoomètres.

La pression atmosphérique. Loi de Mariotte.

Machine pneumatique. — Baromètres et manomètres. Pompes, siphons, aérostats.

Chaleur.

Dilatation des corps.

Température, thermomètre.

Fusion et solidification. Dilatation de l'eau lors de sa congélation, effets sur les plantes. Dissolution. Mélanges réfrigérants.

Vaporisation.

Évaporation; vapeur d'eau contenue dans l'air : nuage, pluie, rosée. Froid produit par l'évaporation; applications.

Ébullition. Distillation. Chauffage de l'eau en vase clos. La vapeur et ses applications.

Transmission de la chaleur par rayonnement et conductibilité.

Aperçu sommaire sur la production et l'utilisation de la chaleur.

Son. Lumière. Électricité.

Quelques notions élémentaires pour permettre aux élèves de comprendre les applications de l'électricité à la vie pratique : piles, sonnerie, téléphone, éclairage, etc.

CHIMIE.

HORAIRE.

1re année.................................. 1 h. 1/2.
2e année.................................. --

INSTRUCTIONS PÉDAGOGIQUES.

L'enseignement de la chimie sera orienté en vue de l'étude des marchandises.

On se bornera à l'exposé des faits fondamentaux, en s'attachant à mettre en lumière les liens étroits qui existent entre la science pure et les applications.

L'explication des phénomènes devra être en rapport avec le degré d'instruction et l'âge des élèves, et les leçons fréquemment illustrées à l'aide d'expériences simples en relation avec les questions touchant à la vie courante et aux réalités industrielles.

PROGRAMME.

Leçons préparatoires.

On n'abordera l'étude des lois fondamentales et des généralités qu'après avoir suffisamment familiarisé l'élève avec les phénomènes chimiques les plus simples, et passé en revue, au point de vue purement descriptif et expérimental, les propriétés essentielles d'un certain nombre de corps usuels. On reviendra ensuite, au besoin, sur ces questions pour les préciser, au cours de l'étude systématique qui suivra.

Différence entre un phénomène physique et un phénomène chimique.

Corps simples, corps composés; mélange, combinaison. La combinaison chimique est régie par des lois.

Symboles, formules, principes de la notation atomique.

Acides, bases, sels; principes de nomenclature chimique.

Métalloïdes. Hydrogène.

Chlore. — Acide chlorhydrique, chlorures décolorants.

Oxygène. — Combustion, respiration, eau.

Soufre. — Hydrogène sulfuré, anhydride sulfureux, acide sulfurique.

Azote. — Air atmosphérique. Ammoniaque. Acide azotique. Rôle de l'azote sous ses différentes formes dans la végétation.

Phosphore. — Azide phosphorique et son rôle en agriculture.

Arsenic.

Carbone. — Oxyde de carbone, son rôle industriel, ses dangers, Anhydride carbonique, son assimilation par la plante et sa production pendant la respiration.

Silice, sable, quartz, verre.

Métaux. — Propriétés physiques des métaux et des alliages.

Oxydes et hydrates métalliques, chlorures, sulfates, nitrates, phosphates, carbonates, silicates.

Notions élémentaires de chimie organique. — Composition des matières organiques.

Définition des hydrocarbures de la série grasse : l'acétylène et ses applications.

L'alcool, la glycérine, l'éther, les corps gras.

L'amidon et le sucre.

Le goudron de houille, la benzine.

Le phénol et l'aniline.

ARITHMÉTIQUE ET CALCUL ALGÉBRIQUE.

HORAIRE.

1re année..................................... 3 heures.

2e année .... 3 —

INSTRUCTIONS PÉDAGOGIQUES.

Il ne faut pas perdre de vue que la rapidité et la sûreté dans le calcul sont de première importance pour un commerçant.

Or ces qualités ne s'acquièrent que par un entraînement régulier et d'une certaine durée.

Le professeur réservera donc aux exercices proprement dits (calcul mental et exercices d'application au tableau noir) une partie de chaque leçon ou, suivant les cas, une leçon tout entière; en ayant soin que les opérations à faire pour les exercices au tableau noir ou les exercices écrits aient pour but la solution d'un problème quelconque, si simple qu'il soit, ce qui habitue l'élève à comprendre et coordonner les données d'une question, tient son attention en éveil et lui impose un moindre effort pour graver dans sa mémoire ce qui lui a été enseigné.

Il insistera tout spécialement sur le calcul rapide, le calcul mental et les méthodes abrégées et s'attachera à ce que l'élève s'habitue à disposer avec ordre, sur le tableau noir, les données, les opérations et les résultats numériques.

Tous les sujets d'exercices seront, autant que possible, empruntés à la pratique des affaires. Ils auront surtout pour objet la reproduction des opérations qui s'accomplissent le plus fréquemment dans le commerce.

PROGRAMME.

PREMIÈRE ANNÉE.

Rappel des définitions générales de l'arithmétique et des règles de la numération.

Opérations sur les nombres entiers. — Addition et soustraction : règles : preuves. — Multiplication; table de multiplication des quinze premiers nombres; divers cas de multiplication; règles pratiques; exercices de multiplication rapide par 3, 4, 5, 9, 11, 12, 25 et 125. — Division; règles; exercices; division par 25, 75, 125. — Nombreux exercices de calcul rapide mental et écrit sur les quatre opérations.

Propriétés des nombres entiers. — Divisibilité. — Reste de la division d'un nombre par 2, 3, 5, 11 et 25. — Preuves par 9 de la multiplication et de la division. Exercices.

Nombres premiers. — Définition des nombres premiers et des nombres premiers entre eux. — Établissement de la table des nombres premiers jusqu'à 100. — Décomposition d'un nombre en ses facteurs premiers : règle, exercices. — Plus grand commun diviseur; plus petit multiple commun; leur recherche; règles, exercices.

Fractions. — Définition. — Réduction des fractions à leur plus simple expression. — Réduction au même dénominateur. — Opérations sur les fractions; exercices. — Fractions décimales. — Numération des nombres décimaux; opérations sur les nombres décimaux; application de ces opérations aux questions commerciales; règle de tant pour cent. — Évaluation d'un quotient à moins d'une unité décimale donnée. — Conversion des fractions ordinaires en fractions décimales et inversement.

Mesures. — Système métrique. — Relations entre les diverses mesures. — Exercices de calcul rapide sur les monnaies françaises et les matières d'or et d'argent.

Nombres complexes. — Opérations sur les nombres complexes. — Exercices de calcul rapide sur les conversions des principales monnaies et mesures françaises. — Notions générales sur les changes et arbitrages. — Mesure du temps.

DEUXIÈME ANNÉE.

Puissances et racines. — Définitions. — Extraction de la racine carrée d'un nombre entier. — Extraction de la racine carrée d'un nombre entier ou fractionnaire avec une approximation donnée. — Racine carrée des nombres décimaux. — Carrés et racines carrées des fractions. — Exercices de calcul rapide d'extraction de racines carrées. — Cube: définition de la racine cubique.

Rapports. — Proportions : grandeurs proportionnelles; applications. — Tantièmes. — Règle de trois directe et inverse. — Méthode de réduction à l'unité. — Règle conjointe. — Questions faciles sur les partages proportionnels. — Alliages, mélanges. — Règle d'intérêt simple; formule générale; application des calculs rapides pour les taux usuels. — Définition de l'intérêt composé. — Échéance moyenne et échéance commune. — Escompte en dehors et en dedans. — Règle de société. — Rentes sur l'État. Actions et obligations. — Opérations de bourse.

Calcul algébrique. — Emploi des lettres et des signes comme moyen d'abréviation et de généralisation. — Termes semblables. Procédés et calculs algébriques appliqués à la solution des problèmes.

Équation du 1ᵉʳ degré à une inconnue. — Résolution : d'un système de deux équations du 1ᵉʳ degré à deux inconnues; d'un système de trois équations du 1ᵉʳ degré à trois inconnues.
Problèmes du 1ᵉʳ degré.

Progressions arithmétiques et géométriques. — Logarithmes. — Usage des tables de logarithmes.

Intérêts composés et annuités. — Applications des logarithmes à ces questions. — Amortissements.

LÉGISLATION.

HORAIRE.

2ᵉ année... 1 heure.
3ᵉ année... 1 —

INSTRUCTIONS PÉDAGOGIQUES.

L'enseignement de la législation dans les écoles pratiques de commerce a pour objet, d'une part, de donner aux élèves les connaissances positives qui leur seront nécessaires dans leur carrière commerciale, et, d'autre part, de contribuer à leur culture générale et à la formation de leur jugement.

Le professeur chargé de cet enseignement n'oubliera pas que les élèves des écoles pratiques sont destinés à devenir non pas des avocats ou des avoués, mais des employés de commerce et des commerçants. Et, partant de là, il éliminera résolument les explications inutiles, les connaissances de luxe, les discussions purement juridiques qui risqueraient d'être peu comprises par les élèves et qui, en tout cas, ne feraient que surcharger leur mémoire sans aucun profit.

Il s'attachera surtout à l'étude des questions qui sont d'une application usuelle et que les jeunes gens auront intérêt à connaître lorsqu'ils entreront dans la vie active. Il les exposera dans un langage simple et précis, en les considérant sous leur aspect pratique et en s'appuyant autant que possible sur des pièces comptables et sur des documents commerciaux. Les élèves ne sauraient étudier avec fruit les effets de commerce, le contrat de transport ou encore les sociétés, s'ils ne savent pas rédiger et s'ils n'ont pas sous les yeux un acte constitutif de société, une lettre de change ou un chèque, une lettre de voiture ou un récépissé.

PROGRAMME.

DEUXIÈME ANNÉE.

Législation usuelle.

Introduction. — Le droit. — Les lois. — Les codes. — Utilité de cet enseignement.

I. *Les personnes.*

1° Capacité des personnes. — Minorité. — Tutelle. — Émancipation civile et commerciale. — Conseil judiciaire. — Interdiction.

2° La famille. — La parenté. — Diverses sortes de parenté. — Droits et devoirs réciproques des parents et des enfants.

3° L'état civil. — Son importance pour l'individu et pour la société. — Règles pratiques pour la rédaction et la vérification des actes de l'état civil.

II. *Les contrats.*

1° Règles générales relatives aux obligations et aux contrats.

2° Principaux contrats. — Étude particulière du contrat de vente et du contrat de louage. — Notions sur les autres contrats : prêt, cautionnement, mandat. — Hypothèques.

III. *Organisation judiciaire.*

Juridiction civile. — Juridiction pénale. — Juridiction industrielle et commerciale. — Juridiction administrative.

De l'assistance judiciaire.

Législation commerciale.

Introduction. Notions générales sur le commerce et le droit commercial.

I. *L'établissement du commerçant.*

Conditions nécessaires pour être commerçant : des actes de commerce. — Liberté du commerce et de l'industrie. — Capacité : mineur commerçant et femme commerçante. — Droits et prérogatives des commerçants. — Représentation commerciale : chambres de commerce et chambres consultatives des arts et manufactures. — Obligations professionnelles des commerçants : livres de commerce, publicité du contrat de mariage, patente.

II. *L'organisation et le fonctionnement de la maison de commerce.*

Le patron et ses employés. — Contrat de louage de services et obligations qui en résultent. — Salaires, traitements et commissions ; privilège en cas de faillite. — Insaisissabilité. — Rupture du contrat de louage de services.

TROISIÈME ANNÉE.

La mise du commerce en société. —
Sociétés civiles et sociétés commerciales. — Diverses espèces de sociétés commerciales : besoins commerciaux et industriels auxquels elles répondent. — Sociétés en nom collectif. — Sociétés en commandite simple et par actions. — Sociétés anonymes. — Associations en participation. — Sociétés à capital variable (sociétés coopératives).

La vie commerciale et les contrats commerciaux. — La vente. — La commission. — Le transport : règles spéciales aux transports effectués par les compagnies de chemins de fer, délais de transport, tarifs, camionnage, colis postaux. — Les opérations de bourse : agents de change et courtiers.

L'appel au crédit.
Le prêt et ses garanties : gage commercial, nantisssement du fonds de commerce. — Magasins généraux. — Les effets de commerce : lettres de change, billets à ordre, chèques. — Les opérations de banque : prêt, escompte, ouverture de crédit, compte courant. — Banque de France.

La liquidation de la maison de commerce. — Vente du fonds de commerce : formalités, droits fiscaux. — Faillite, liquidation judiciaire. — Banqueroute simple et banqueroute frauduleuse, réhabilitation.

Notions sommaires de droit maritime. — Notions très succinctes, sauf dans les écoles établies dans un port de commerce.

Notions générales sur la propriété industrielle. — Brevets d'invention, marques de fabrique et de commerce, dessins et modèles industriels, nom commercial, concurrence déloyale. — Union internationale pour la protection de la propriété industrielle.

NOTIONS D'ÉCONOMIE COMMERCIALE.

HORAIRE.

3ᵉ année.. 1 heure.

INSTRUCTIONS PÉDAGOGIQUES.

L'économie commerciale ne fera pas l'objet d'un cours suivi et complet où toutes les questions sont successivement abordées.

Elle se composera d'une série de leçons détachées sur des points déterminés dont le programme ci-après donne la liste limitative.

On recommande la méthode de l'exposé oral suivi d'un résumé dicté.

Faire suivre les leçons de lectures concernant la biographie de grands
industriels, de grands agronomes, d'ouvriers célèbres et l'histoire des
grandes découvertes.

Objet du cours.

Les agents de la production. — *La nature :* conditions physiques, matières premières, forces naturelles.

Le travail : différentes sortes de travaux.

Le capital : ses diverses formes. — Formation du capital.

Caractères de la production contemporaine. — Développement du machinisme. — Division du travail. — Développement de la grande industrie :
ses caractères. — Les crises.

Rémunération des agents de la production. — Le prix de revient. —
Rémunération du capital : intérêt et bénéfice. — Rémunération du travail : 1° du travail intellectuel : droits de l'inventeur, appointements. —
2° du travail manuel : étude du salariat et des divers modes de salaire.
— Participation aux bénéfices.

Relations entre patrons et ouvriers. — Des diverses institutions
patronales.

L'échange. — Valeur. — Prix. — Causes qui influent sur les variations des prix.

Les commerçants. — Commerce de gros et commerce de détail. — Les
grands magasins.

Des moyens de transport. — Utilité des transports à bon marché.

La monnaie.

Le crédit. — Services qu'il rend ; ses inconvénients et ses dangers. —
La monnaie de crédit.

Les bourses.

Le commerce international. — Quelques mots sur le libre-échange et
la protection ; sur le régime douanier.

La consommation.

Population. — Émigration. — Colonisation : conditions pour réussir
dans les colonies.

Le luxe.

L'épargne. — Diverses institutions d'épargne.

L'assurance. — Ses diverses formes.

L'association.

Les sociétés de secours mutuels.

Sociétés de crédit populaire.

Sociétés coopératives de production ; de consommation.

Les syndicats professionnels. — Leur rôle. — Devoirs des patrons et des ouvriers.

L'État. — Attributions générales de l'État. — Son intervention dans les relations économiques. — Intervention législative dans les questions du travail.

Les dépenses et les ressources publiques. —Les impôts, le budget.

GÉOGRAPHIE.

HORAIRE.

1" année	1 heure.
2ᵉ année	1. —
3ᵉ année	3 heures.

INSTRUCTIONS PÉDAGOGIQUES.

Le programme ci-après indique très nettement quels sont, pour chaque pays, la suite des questions que le professeur devra traiter et l'ordre dans lequel il convient d'aborder chacune d'elles. Il va sans dire qu'avec des élèves qui se destinent au commerce, c'est surtout sur la géographie industrielle et commerciale qu'il faudra insister. La géographie politique sera étudiée brièvement. Quant à la géographie physique, les diverses questions qu'elle comporte retiendront l'attention du maître dans la mesure où elles servent à expliquer les faits d'ordre économique.

Le professeur s'aidera d'un précis où les élèves trouveront ce qui n'exige d'eux qu'un effort de mémoire : pour la géographie physique, la nomenclature; pour la géographie politique, ce qui se rapporte à la population et aux races, à la religion et à la langue, au gouvernement, aux grandes divisions administratives et aux villes principales. Grâce au secours que lui apportera ainsi le livre, le professeur pourra consacrer le temps de la leçon au développement de certaines questions par lui choisies et qui provoqueront de sa part des *explications* plutôt qu'un simple exposé. Souvent, des lectures intéressantes pourront utilement s'ajouter à la leçon orale. Enfin il serait excellent de compléter la séance par des projections, partout où l'on pourrait disposer d'une installation convenable et des appareils nécessaires. Faute de projections, l'usage de photographies, de gravures, de cartes postales même, est à recommander.

Pour les interrogations comme pour les exposés, le professeur aura recours à des cartes murales de grandes dimensions, ou à des cartes qu'il aura lui-même exécutées, soit au tableau noir, soit sur de la toile ou du papier goudronné. Pour les interrogations, on rappelle que les cartes mises sous les yeux des élèves devront toujours être des cartes muettes. Outre l'usage des cartes, il est utile que les élèves suivent la leçon du maître en ayant devant eux leur atlas, de façon à pouvoir constamment s'y reporter.

Spécialement dans l'étude de la géographie économique, on doit se garder d'abuser, pour les questions qui s'y prêtent, de la nomenclature, par exemple à propos des réseaux de chemins de fer ou des voies navigables; de même, pour les productions naturelles, il ne faut pas vouloir énumérer tout ce que chaque pays peut fournir, mais se borner à bien fixer dans la mémoire des élèves les produits essentiels et caractéristiques. Un autre écueil à éviter est l'excès des renseignements statistiques. S'il est du devoir du professeur de se tenir à jour, et pour cela de consulter avec soin les documents statistiques officiels périodiquement établis et publiés, il doit prendre garde de surcharger la mémoire des élèves de détails trop minutieux et de prétendre à une trop rigoureuse exactitude. Quelques chiffres typiques, sérieusement contrôlés, suffiront d'ordinaire à fixer dans leur esprit les notions essentielles. Il ne sera pas d'ailleurs inutile de leur faire connaître les recueils de statistiques les plus importants, de façon qu'ils sachent plus tard chercher, s'il y a lieu, les renseignements dont ils peuvent avoir besoin.

Afin de mieux préciser les notions qu'il veut que ses élèves retiennent, le maître pourra utilement recourir à l'emploi de résumés synoptiques, à l'usage de graphiques ou de figures proportionnelles qui permettent une classification et une comparaison rapide et nette entre les divers États ou les régions considérées.

Le vrai devoir de géographie consiste dans la confection de cartes. Il faudra demander aux élèves de s'exercer à reproduire, *sans jamais calquer*, la carte des régions qu'ils étudient; ne pas leur proposer de cartes compliquées, mais des croquis assez simples; exiger l'exactitude; proscrire les cartes coloriées et enjolivées, qui prennent plus de temps qu'elles n'offrent de profit.

PROGRAMME.

PREMIÈRE ANNÉE.

I. *Notions de géographie générale.*

Le globe terrestre. — Les deux mouvements de la terre. — Pôles, équateur. — Méridiens et parallèles. — Longitude et latitude. — Le jour et la nuit. — Les saisons.

Notions élémentaires de géologie : les terrains.

Le relief du sol : montagnes, volcans, plaines.

Continents et mers : leur répartition sur le globe; étendue. — Les cinq océans. — Les grandes mers intérieures.

Atmosphère : vents et pluies. — Les climats.

Les eaux : eaux courantes; lacs et marais. Action des eaux.

Les côtes. — Diverses espèces de côtes. — Variations des rivages. — Îles.

Les êtres vivants : végétaux, animaux. — L'homme : races.

II. *Les régions polaires :* Principales explorations.

III. *Les deux Amériques.*

IV. *L'Océanie.*

V. *L'Afrique.*

N. B. — Pour l'étude des paragraphes III, IV et V, on suivra l'ordre ci-après indiqué.

1. *Géographie physique.*

1° Situation, limites et superficie du pays ou de la région considérée; avantages et inconvénients de cette situation au point de vue du climat, de la formation historique, du commerce.

2° Nature du sol, en dégager les influences sur le régime des eaux, les côtes, les productions, les populations.

3° Relief du sol; son action sur le régime des eaux; le climat, le groupement des populations, les productions, les communications.

4° Climat et pluies; leur influence sur la répartition des populations et des productions.

5° Hydrographie : Rôle agricole, industriel, commercial et politique des cours d'eau.

6° Côtes et îles; les expliquer par la géologie, le relief, l'action des eaux marines et fluviales.

7° Ressources naturelles.

2. *Géographie politique.*

1° Formation historique dans ses rapports avec la géographie.

2° Population; races. Religions; langues.

3° Divisions politiques et administratives; principales villes. Budget, armée et marine.

3. *Géographie économique.*

1° Conditions générales : situation dans le monde; voisinage ou éloignement des grands courants commerciaux; nature du sol et du sous-sol; activité plus ou moins grande des habitants.

2° Agriculture : influence du sol, du relief, du climat, des eaux. Forêts et produits naturels. Principales cultures.

3° Industrie : conditions générales. Mines. Principales industries.

4° Commerce : moyens de communication. Commerce intérieur. Commerce extérieur. Principaux ports. Importation et exportation. Produits échangés, principales relations internationales. Relations commerciales avec la France.

(Ce plan d'études ne s'appliquera dans son intégralité qu'aux contrées de premier ordre. Pour les autres, il y a lieu de le simplifier, de le réduire, en le proportionnant à l'importance des pays dont on s'occupera.)

DEUXIÈME ANNÉE.

I. *L'Asie.*

(Cette étude sera faite d'après le plan suivi en première année pour les autres parties du Monde.)

II. *L'Europe.*

Géographie physique. — Grandes plaines à l'Est et au Nord. — Massifs montagneux et plateaux du centre. — Les péninsules du Sud.

— Les Îles Britanniques. — Routes naturelles entre les différents versants.

. Climats.

Les eaux, océans et mers. — Détroits, fleuves et lacs.

Description du littoral et des îles.

Étude particulière de chacun des pays d'Europe. (Cette étude sera faite suivant les indications qui ont été données ci-dessus, à propos du cours de première année.)

TROISIÈME ANNÉE.

La France : Colonies et pays de protectorat.

1. D'abord l'étude, au point de vue physique et économique, de la région où se trouve l'école (région montagneuse, région de plaine, région maritime ou région de culture, etc.), traits caractéristique de cette région; conditions plus ou moins favorables à tel genre d'industrie ou au commerce. — Mode d'exploitation par l'homme des richesses naturelles qui s'y trouvent. — Comparaison avec les régions similaires de la France ou des autres pays. — Grandes industries ou principaux centres industriels; la concurrence étrangère. — Principaux ports : importation et exportation; avec quels pays sont établies les relations d'échanges.

II. Étude semblable pour le reste de la France, divisée en régions naturelles. On pourrait s'occuper successivement de :

Région du Nord. — Bassin parisien. — Région de l'Est. — Région du Jura et des Alpes. — Région de la Saône. — Région méditerranéenne. — Région pyrénéenne. — Région du Sud-Ouest. — Région du Massif central. — Région de l'Ouest. — Région bretonne et normande.

III. Pour la géographie politique, indications sur les départements, et leurs chefs-lieux, les villes principales; sur le gouvernement, les divisions administratives; sur la population suivant la région; sur les religions, les langues; sur la défense des frontières.

IV. Étude des colonies françaises, spécialement au point de vue économique, en insistant sur les relations de chaque colonie avec la métropole et avec les pays étrangers (environ 10 leçons).

V. Étude, spécialement au point de vue économique, des grandes puissances du monde en Europe et hors d'Europe (environ 10 leçons).

VI. Étude spéciale de quelques produits commerçables au point de vue géographique. Métaux précieux, combustibles; matières textiles (coton, laine, soie); produits alimentaires (céréales, sucres, cafés, etc.) (5 leçons pourraient suffire pour cette partie)[1].

VII. Enfin le reste de l'année sera employé à l'étude de quelques grandes questions économiques présentant un intérêt général.

Sans prétendre établir ici une liste limitative, nous indiquerons quelles pourraient être quelques-unes des questions traitées :

1° Les grands ports de commerce et les principaux marchés du monde. — Champ d'action de chacun d'eux.

2° Les grandes routes du commerce international; principales lignes de navigation et grandes compagnies maritimes françaises et étrangères.

3° Les grandes lignes télégraphiques; les principaux câbles sous-marins.

4° Les grandes voies ferrées du monde.

5° Les principaux canaux : canaux fluviaux et canaux maritimes.

6° La colonisation : colonies de peuplement et colonies d'exploitation. — Situation des principales puissances colonisatrices.

MARCHANDISES.

HORAIRE.

1re année....................................	1 h. 1/2.
2e année....................................	3 heures.
3e année....................................	3 —

INSTRUCTIONS PÉDAGOGIQUES.

L'étude des marchandises aura un caractère commercial. Elle portera notamment sur l'origine, la production, le commerce, les conditions d'expédition, de transport et d'échange, les causes d'altération, les falsifications, les débouchés des produits répondant aux désignations générales du programme. On insistera beaucoup plus sur le produit fabriqué que sur les procédés de fabrication.

Le professeur s'appuiera sur les seules connaissances scientifiques à la portée de l'élève, en ayant soin de les rappeler d'un mot à l'occasion,

---

[1] Pour cette partie du cours, une entente devra être établie entre le professeur de Géographie et le professeur chargé du cours de Marchandises.

de façon à donner à son exposé toute la clarté désirable. Il évitera les développements abstraits, pour s'attacher aux questions d'ordre immédiatement utilitaire. Pour donner de la vie et de la réalité à son enseignement, il multipliera les expériences et montrera aux élèves, sous leurs différentes formes commerciales vraies, les produits et les objets qu'il aura à étudier, en insistant sur les avantages et les inconvénients de chaque sorte, sur les qualités à faire ressortir pour en faciliter la vente ou en favoriser l'utilisation, sur les différences de prix correspondant aux différences d'aspect.

Aucun exposé ne devra reposer sur des faits scientifiques autres que ceux déjà enseignés.

Il a été laissé au programme assez d'élasticité pour qu'il soit possible d'en moderniser constamment l'interprétation et d'en adapter le caractère aux besoins de la région.

PROGRAMME.

1er Groupe.

Bois, altération et conservation.
Matériaux de construction.
Combustibles solides, liquides et gazeux.

2e Groupe.

Eaux minérales et gazeuses.

Minerais et produits métallurgiques. — Alliages. Zinc, étain, plomb, cuivre (bronze et laiton), nickel, aluminium, manganèse, fer (fontes et aciers), métaux précieux.

Produits des manufactures. — Les industries mécaniques étudiées au point de vue économique, automobiles et cycles, coutellerie, ferronnerie, orfèvrerie, joaillerie, etc.

3e Groupe.

Commerce des produits de la grande industrie chimique. — Ozone. Chlore, chlorures décolorants, acide chlorhydrique. Soufre et ses principaux composés. Acide azotique, sels ammoniacaux, salpêtres, engrais azotés. Phosphore, phosphates, superphosphates, engrais. Anhydride carbonique. Chlorure de sodium, soude et potasse (carbonates et alcalis caustiques).

4e Groupe.

Produits alimentaires d'origine végétale. — Céréales, plantes légumineuses, tubercules, légumes divers, commerce des primeurs. Cafés, thés, cacaos, chocolat. Épices et condiments. Conserves de légumes et de fruits.

Produits farineux et leurs dérivés. Glucose. Plantes sacchariferes, sucre. Alcool et boissons fermentées, sirops et liqueurs. Vinaigre.

Produits alimentaires d'origine animale. — Viandes fraîches, volailles, poissons, gibiers. Lait frais, condensé et stérilisé. Beurre et margarine. Fromage. Œufs. Conserves de viandes et de poissons.

5e Groupe.

Produits agricoles non alimentaires, dérivés et succédanés. — Matières textiles, végétales et animales. Fils, tissus, dentelles. Industries du vêtement. Soie artificielle. Papier.

Colorants naturels et rôle de la chimie dans la production des matières tinctoriales.

Produits oléagineux, corps gras, savons, bougies, glycérines, cires, etc. Caoutchouc et gutta-percha.

Commerce des essences et des parfums. Camphre, celluloïd.

6e Groupe.

Produits de la dépouille animale et produits analogues. — Cuirs et peaux (commerces divers). Os, ivoire, corne, écaille. Plumes et poils. Colles et gélatines.

7e Groupe.

Produits d'industries diverses. — Commerce des produits et des appareils photographiques.

Couleurs et pigments minéraux; laques, vernis, couleurs au pinceau, encres, cirages, etc.

COMMERCE ET COMPTABILITÉ.

HORAIRE.

	1re ANNÉE.	2e ANNÉE.	3e ANNÉE.
Commerce et comptabilité........	6 h.	3 h.	3 h.
Exercices de bureau commercial ...	"	6	6

INSTRUCTIONS PÉDAGOGIQUES.

L'enseignement des notions de commerce et de comptabilité sera à la fois théorique et pratique, et le professeur devra recourir à de nombreux exercices d'application.

Au cours des explications sur le commerce, il placera sous les yeux des élèves les spécimens de divers documents commerciaux et des pièces comptables qu'il étudiera.

L'exposé théorique de la comptabilité sera accompagné, en première année, d'une tenue des livres ; en deuxième année, de l'établissement de monographies développées, et en troisième année, d'exercices pratiques qu'il serait désirable de voir donner sous la forme du Bureau commercial.

L'école recevra utilement des journaux commerciaux, des circulaires, des prix-courants, dans lesquels les élèves trouveront les cotes des marchandises, ainsi que les renseignements dont ils ont besoin sur les frets, les importations et les exportations, le cours des changes, les taux d'escompte, etc.

L'école pourra s'adresser, le cas échéant, à des industriels, à des négociants ou à des commerçants et banquiers de la région pour avoir des renseignements spéciaux.

Les indicateurs Chaix, les tarifs de douane seront également mis à la disposition des élèves.

Afin de donner aux élèves une idée de la situation des principaux articles sur chaque place importante, le professeur leur fera dresser régulièrement un tableau général de la situation des marchés et des produits avec les inscriptions : hausse, baisse, calme, etc.

Toutes les opérations se traiteront par correspondance ; les lettres, factures, comptes d'achat ou de vente, seront écrits en français ou en langues étrangères, passés au copie de lettres par celui qui les envoie, vérifiés et classés par celui qui les reçoit.

Pour les télégrammes, qui jouent un si grand rôle dans les transactions avec les pays lointains, on se servira d'un code spécial. Ce travail pliera les élèves aux habitudes commerciales.

Des presses à copier, des machines à écrire et à calculer seront mises à leur service.

Le professeur devra se rendre compte exactement des opérations sur le point d'être engagées, qu'il approuvera ou critiquera. Il lira la correspondance et examinera attentivement les livres pour s'assurer qu'ils sont tenus avec soin et à jour.

Chaque trimestre, ou même chaque mois, il sera dressé une balance générale.

Un inventaire complet sera établi à la fin de l'année scolaire; le plus grand soin sera apporté à sa composition, et aucun élève ne pourra se dispenser de terminer ce travail.

PROGRAMME.

PREMIÈRE PARTIE.

Commerce. — Du commerce en général. — Commerce de gros et de demi-gros. — Commerce de détail. — Commerce intérieur. — Commerce extérieur. — Importation, exportation, transit.

Commerçants. — Diverses sortes de commerçants. — Fabricants. — Négociants. — Banquiers. — Agents de change. — Coulissiers. — Courtiers. — Commissionnaires. — Représentants. — Entrepositaires.

Échanges. — Échange en nature. — Échange commercial : achat et divers modes de vente au comptant, avec ou sans escompte. — Achat et vente à terme ou en compte, avec ou sans intérêt. — Diverses sortes de ventes. — Factures. — Note. — Quittance. — Mémorandum. — Bon de commission. — Bon de livraison. — Bon de réception. — Cartes d'échantillons, etc.

De la monnaie. — Du billet de banque. — Du papier monnaie. — Du chèque. — Du billet à ordre. — De la lettre de change.

Postes et Télégraphes. — Taxes des lettres, imprimés, échantillons et papiers d'affaires. — Valeurs déclarées; lettres et objets recommandés. — Mandats et bons de poste. — Recouvrements. — Taxes télégraphiques, mandats télégraphiques.

Transports. — Transports par voiture, par canaux et rivières. — Transports par chemins de fer. Divers modes de calculs des taxes. — Transports par mer. — Formalités d'expédition. — Colis postaux. —

Lettre de voiture. — Note ou bordereau d'expédition. — Connaissement. — Tarifs divers d'expédition. — Assurances.

Mode d'acquittement des droits de douane et de régie.

Entrepôts. — Leur fonctionnement. — Warrants et récépissés.

Notions générales de comptabilité.

Principaux termes de comptabilité. — Doit. — Avoir. — Débit. — Crédit. — Entrée. — Sortie. — Comptabilité. — Tenue des livres.

Du compte. — Définition du compte. — Manière de disposer un compte.

Des pièces justificatives des mouvements de recettes et de dépenses. — Arrêt et réouverture du compte de caisse. — Diverses méthodes de comptabilité : comptabilité à partie simple, comptabilité à partie double.

Du journal. — Définition. — Disposition. — Formules des écritures.

Du grand livre. — Définition. — Disposition.

Rapports du journal et du grand livre.

Des comptes collectifs. — Balance des comptes. — Division et classification des comptes.

Inventaires; bilan.

Comptabilité privée. — Opérations de recettes et de dépenses.

DEUXIÈME ANNÉE.

Opérations usuelles de banque. — Escompte et encaissement des effets de commerce, des factures, quittances, etc. — Dépôts d'argent, de titres, de valeurs précieuses. — Avances sur titres, sur marchandises. — Payement de coupons. — Ouvertures de crédit. — Délivrance de chèques, de mandats, de lettres de crédit, etc.

Bordereaux d'escompte. — Confection de bordereaux d'escompte calculés à différents taux. — Des commissions. — Manière de les calculer et de les appliquer aux bordereaux d'escompte et d'encaissement au moyen de tarifs de banque.

Comptes courants et d'intérêts. — Étude détaillée des diverses méthodes de comptes courants. — Règles. — Avantages et inconvénients de chaque méthode.

Bourses. — Bourses des marchandises. — Leur fonctionnement.

Bourses des valeurs. — Classification des valeurs.

Opérations au comptant et à terme.

Des différents placements. — Placements à revenus fixes. — Placements à revenus variables. — Placements à revenus fixes et à lots. — Placements temporaires.

Des assurances.

Exercices pratiques. — *Monographies et bureau commercial.*
Suites d'opérations comprenant achats, ventes, retours, règlements au comptant, à terme. — Comptes d'achats. — Comptes de magasin, de ventes. — Frais généraux : leur répartition. — Amortissement des valeurs immobilières. — Inventaire des comptes. — Bilan.

TROISIÈME ANNÉE.

Notions de gestion commerciale et industrielle. — Organisation d'une maison de commerce. — Du capital nécessaire. — De la matière première. — De la marchandise. — Prix de revient. — Art d'acheter et de vendre. — Main-d'œuvre. — Frais généraux. — Rôle de la comptabilité. — De la conduite des affaires. — Du crédit. — De la publicité.

Organisation d'une comptabilité. — Généralités sur les livres et les comptes à créer dans le commerce, l'industrie, la banque.

Comptabilité des sociétés. — Ouverture des livres. — Inventaire et répartition des bénéfices.

Comptabilité industrielle. — Organisation des livres en raison de la division du travail industriel. — Achat de matières premières. — Comptes d'achats. — Comptes de fabrication. — Comptes de ventes. — Profits et pertes accidentels. — Clôture de l'exercice : inventaire du matériel, du mobilier, des immeubles, de la caisse. — Bilan.

Comptabilité d'une banque.

Comptabilité d'un commissionnaire. — Affaires à la commission.
Examen des bilans de la Banque de France, du Crédit Foncier et de quelques grandes entreprises.

Exercices pratiques. — *Monographies et bureau commercial.*
Organisation des comptoirs. Correspondance entre les comptoirs. — Correspondance avec les bureaux similaires. — Banques. — Maisons étrangères.
Services spéciaux : poste, expédition, empaquetage et emballage.

CALLIGRAPHIE.
STÉNOGRAPHIE-DACTYLOGRAPHIE.

— —

HORAIRE.

1ʳᵉ année	3 heures.
2ᵉ année	2 —
3ᵉ année	2 —

INSTRUCTIONS PÉDAGOGIQUES.

Ces trois matières d'enseignement se complètent l'une par l'autre. Leur ensemble constitue une des parties essentielles du programme de la section commerciale.

On doit, autant que possible, les réunir aux mains du même professeur.

En première année, un tiers du temps, c'est-à-dire une classe d'une heure, pourrait être consacré à la sténographie; les deux autres classes, à la calligraphie et à la dactylographie.

Le nombre des machines à écrire dont une école peut disposer étant généralement inférieur au nombre des élèves d'une même division, il y aurait lieu d'organiser l'enseignement de telle manière que la calligraphie et la dactylographie soient enseignées simultanément dans la même séance. A cet effet, les élèves, divisés en deux groupes, seraient alternativement occupés à la machine à écrire et aux exercices d'écriture. (En moyenne, une demi-heure d'écriture et une demi-heure de dactylographie pour chaque élève.)

On procéderait de même dans les années suivantes, avec cette différence cependant que l'enseignement de la sténographie prendrait la moitié du temps prévu par l'horaire type, c'est-à-dire une classe sur deux.

Nous conseillons en outre la méthode suivante :

Sténographie. — Lorsque les élèves seraient assez habiles pour sténographier sous la dictée, une partie de la séance serait consacrée à la traduction écrite du texte sténographié. Cette traduction deviendrait à la fois un exercice d'écriture et un exercice d'orthographe.

En troisième année, le cours pourrait être complété par des exercices de métagraphie et de machine à sténographier.

Calligraphie. — L'écriture sera professée méthodiquement.

Nous conseillons le modèle tracé au tableau noir ou dessiné à l'avance sur une grande feuille de papier de couleur. Au début de la leçon, ce modèle fera l'objet d'un exposé technologique dont la durée ne doit pas dépasser huit ou dix minutes.

En aucun cas, il ne sera fait usage de modèles individuels lithographiés.

Les exercices de première année pourront avoir lieu dans l'ordre suivant :

1ᵉʳ trimestre. — Étude de la cursive et des majuscules.

2ᵉ trimestre. — Exercices de ronde et de bâtarde.

3ᵉ trimestre. — Exercices composés. — Combinaisons.

Au cours des deux derniers mois de l'année : exercices à la plume à dessin, cursive et bâtarde de fantaisie en demi-grandeur 3 millimètres.

La deuxième année sera consacrée à la rédaction de lettres de commerce, circulaires et pièces comptables. Des formules empruntées au commerce pourront être consultées par les élèves.

La composition de pièces comptables avec combinaison de titres et sous-titres, monogrammes, sera réservée à la troisième année. L'élève exécutera, sur une simple donnée, le travail qui lui sera demandé.

Dactylographie. — Dès que l'élève se sera suffisamment familiarisé avec le clavier de la machine à écrire, il s'occupera de préférence :

1° De la reproduction des exercices de sténographie dont la traduction aura été faite dans les leçons précédentes ;

2° De la copie de lettres ou circulaires rédigées pendant les leçons d'écriture.

En deuxième et en troisième année seulement, il reproduira des pièces comptables telles que mémoires, factures, bordereaux, etc., avec titres, sous-titres et réglures.

Dans la notation des devoirs, il sera tenu compte de la vitesse.

N. B. — Les devoirs d'élèves seront annotés par le professeur et classés par leçons d'après le procédé en usage au cours de dessin.

LANGUES ÉTRANGÈRES.

HORAIRE.

	1re ANNÉE.	2e ANNÉE.	3e ANNÉE.
Langue allemande ou anglaise....	6 h.	6 h.	6 h.
Autre langue	3	3	3

INSTRUCTIONS PÉDAGOGIQUES.

L'enseignement des langues vivantes dans les écoles pratiques, s'adresse à de futurs employés de commerce ; il doit les mettre à même de puiser rapidement des informations dans la presse et les publications étrangères, de tenir la correspondance, de converser sur les questions industrielles et commerciales. Il doit donc être rigoureusement utilitaire, pratique toujours, technique vers la fin, et écarter résolument les subtilités grammaticales et les visées littéraires.

L'expérience a prouvé que l'emploi constant de la langue étrangère en classe amenait des progrès plus rapides et plus sûrs que les exercices de traduction. Le maître se servira donc, surtout au début, de la méthode directe, sans pour cela s'interdire de donner des explications dans la langue maternelle.

Il attachera une importance particulière à l'étude rigoureuse de la prononciation, des règles grammaticales et des applications professionnelles.

1° *Prononciation.* — Dans le premier trimestre de la première année, on fera faire aux élèves, au début de chaque classe, des exercices nombreux et répétés qui leur permettront, par exemple, de bien prononcer le *th* et l'*h* aspiré en anglais et le *ch* en allemand. On insistera sur l'accentuation des mots et le rythme de la phrase. Les maîtres se souviendront que les élèves ont à vaincre des difficultés physiques et qu'il importe d'exercer tous les organes de la parole, le larynx, la langue, les dents, pour obtenir les sons justes, faire lier les mots entre eux et donner à la phrase lue ou construite sa véritable physionomie.

2° *Étude des règles grammaticales.* — L'étude rapide des principales règles grammaticales, tirées de nombreux exemples, donnera de la solidité aux exercices oraux, qui devront tenir une place importante dans l'enseignement. Ces exercices, préparés à haute voix par l'élève, le disposeront à oser se servir des mots appris, à parler avec assurance et correctement. Ce travail oral bien gradué servira à la fois d'exercice de prononciation, d'exercice de mémoire, d'application des règles de grammaire. Elle commencera avec l'étude des mots les plus usuels, des verbes les plus généralement employés. On fera apprendre et composer par les élèves des phrases courtes, simples d'abord, et qui, de trimestre en trimestre, deviendront plus longues et plus compliquées.

L'étude des idiotismes devra être commencée dès la première année et devra être poursuivie parallèlement à l'étude des mots; elle se continuera dans les années suivantes. L'étude grammaticale dominera assez l'enseignement pour que les élèves puissent appuyer sur une base solide les exercices d'application qu'ils auront à faire. Mais, en même temps qu'on évitera les méthodes empiriques, il sera sage de ne faire étudier qu'avec une grande sobriété, et au fur et à mesure que les progrès s'affirmeront, les exceptions et remarques subtiles qui morcellent une langue et en rendent la pratique difficile.

3° *Applications professionnelles.* — Quand les élèves seront familiarisés avec les mots usuels, avec les phrases qu'on répète dans la vie de tous les jours, on devra leur faire faire une étude spéciale de la langue qu'ils auront à parler soit dans le commerce, soit dans l'industrie, langue qui emploie certaines tournures, certaines expressions techniques qu'il faut savoir pour bien traiter les affaires, surtout par correspondance. On leur donnera d'abord un lexique composé des mots employés dans tel ou tel genre d'industrie; ensuite, des dialogues mettront en présence l'acheteur et le vendeur, l'industriel et le négociant ou le consommateur. Dans des exercices de rédaction personnelle, de correspondance, on traitera des affaires qui se font le plus ordinairement.

4° *Lectures.* — A tous les stades, l'enseignement sera complété et nourri par des lectures appropriées.

TABLE DES MATIÈRES

DES

PROGRAMMES-TYPES DES COURS DES ÉCOLES PRATIQUES.

———

SECTION INDUSTRIELLE.

SECTION COMMERCIALE.

—⋅⊷⋅(144)⋅⊶⋅—

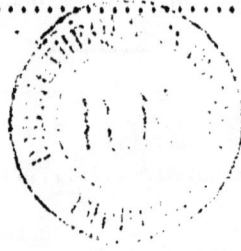